职业技术教育与培训系列教材

电商运营与管理

主　编　王东成

天津大学出版社
TIANJIN UNIVERSITY PRESS

图书在版编目（CIP）数据

电商运营与管理 / 王东成主编. —天津：天津大学出版社，2021. 5

职业技术教育与培训系列教材

ISBN 978 - 7 - 5618 - 6915 - 4

Ⅰ. ①电…　Ⅱ. ①王…　Ⅲ. ①电子商务—运营管理—中等专业学校—教材　Ⅳ. ①F713. 365. 1

中国版本图书馆 CIP 数据核字（2021）第 076113 号

出版发行　天津大学出版社
地　　址　天津市卫津路 92 号天津大学内（邮编：300072）
电　　话　发行部：022-27403647
网　　址　www. tjupress. com. cn
印　　刷　北京盛通商印快线网络科技有限公司
经　　销　全国各地新华书店
开　　本　184mm×260mm
印　　张　9. 75
字　　数　237 千
版　　次　2021 年 5 月第 1 版
印　　次　2021 年 5 月第 1 次
定　　价　29. 00 元

亚洲开发银行贷款甘肃白银城市综合发展项目
职业教育与培训子项目长期培训课程课本教材

丛书委员会

主　　任　王东成

副 主 任　崔　政　张志栋
　　　　　王　瑊　张鹏程

委　　员　李进刚　雒润平　魏继昌　卜鹏旭
　　　　　孙　强　王一平　刘明民　贾康炜

指导专家　高尚涛

本书编审人员

主　　编　王东成

前 言 PREFACE

党的十八大以来，中央将精准扶贫、精准脱贫作为扶贫开发的基本方略，扶贫工作的总体目标是到 2020 年，确保我国现行标准下农村贫困人口实现脱贫，贫困县全部摘帽，解决区域性整体贫困。新阶段的扶贫工作更加注重精准度，即将扶贫资源与贫困户的需求准确对接，将贫困家庭和贫困人口作为主要扶持对象，而不是仅仅停留在扶持贫困县和贫困村的层面上。为了更深入地贯彻"精准扶贫"的理念和要求，需要大力推动就业创业教育，转变农村劳动力的思想意识，激发农村劳动力脱贫的内生动力，这是扶贫治贫的根本。开展就业创业培训，提升农村劳动力的知识技能和综合素养，满足持续发展的经济形势和不断升级的产业岗位的需求，是扶贫脱贫的主要途径。

近年来，国家大力提倡在职业教育领域落实《现代职业教育体系建设规划（2014—2020 年）》（以下简称《规划》），《规划》要求"大力发展现代农业职业教育。以培养新型职业农民为重点，建立公益性农民培养培训制度。推进农民继续教育工程，创新农学结合模式"。2011 年，甘肃省启动兰州-白银经济圈，试图通过整合城市和工业基地推动当地经济转型。2018 年，靖远县刘川工业园区正式被国家批准为省级重点工业园区，为推进工业强县战略奠定了基础。为了确保资源枯竭型城市白银市转型成功，白银市政府实施了亚洲开发银行（以下简称亚行）贷款城市综合发展二期项目。在项目实施中，亚行和白银市政府高度重视职业教育与培训工作，并将其作为亚行二期项目的特色，以期依靠职业技能培训为刘川工业园区入驻企业和周边新兴行业培养留得住、用得上的技能型人才，为促进地方经济顺利转型提供技术和人才保证。本次系列教材的组织规划正是响应了国家关于职业教育发展方向的号召，以出版行业为载体，构建完整的就业培训课程体系。

本教材是按照《电子商务员（国家职业资格四级）》的职业技能要求编写的，相应的课程是针对初级工的培训设置的，它是其他专业课的总结提升，同时与其他专业课相辅相成。通过本教材的学习，主要培养学员的职业岗位基本技能，并为进一步培养学员的职业岗位综合能力奠定坚实的基础，使学员掌握网店的开设、管理，网店活动策划和网店运营数据分析等操作技能。培训完毕，培训对象能够独立上岗，完成简单的常规技术操作。在教学过程中，应以专业理论教学为基础，注意职业技能训练，使培训对象掌握必要的专业知识与操作技能，教学要注意够用适度原则。

本书在编写过程中得到了靖远县职业中等专业学校和陕西琢石教育科技有限责任公司等单位和企业的领导、专家的大力支持和帮助，在此表示衷心的感谢。

限于编者的水平，书中难免存在不足之处，欢迎培训单位和学员在使用过程中提出宝贵意见，以臻完善。

编　者

2021 年 1 月

目 录 CONTENTS

学习任务一

网店开设与装修

01

网络零售可以利用独立企业商城、网站、博客、论坛等网络平台来操作。但是相对来说，在大型交易平台上开店可以争取到更多的流量和销售机会，目前使用频率较高的零售平台有淘宝、天猫、拼多多、亚马逊中国、京东等。

项目一　网店开设

| 任务描述 |

某县今年秋天苹果丰收，但受疫情影响，从外地来的收购客商不多，且收购价格不高。为了不影响果农的年底收入，某村村委会经研究讨论，决定委托在县职教中心学习电子商务的你在淘宝上开设一家网店，为广大村民销售苹果。作为村里的希望，你义不容辞，必须抓紧时间做好这项工作，以不辜负乡亲们的嘱托。

| 背景知识 |

互联网的出现使整个世界发生了翻天覆地的变化，它为传统的经济活动提供了更加便捷的形式，加快了商务沟通和信息流动的速度，从而催生了电子商务行业。电子商务不再是一个独立的商业领域，它已经变成了一种商业表现形式。

电子商务概述

◆ 电子商务的概念

所谓电子商务（electronic commerce），通常指在全球各地广泛的商业贸易活动中，在因特网（Internet）开放的网络环境下，基于浏览器/服务器应用方式，买卖双方不见面而进行各种商贸活动、商务活动、交易活动、金融活动和相关的综合服务活动的一种新型的商业运营模式。

电子商务最重要的是“商务”，而网站只不过是电子商务的后台支撑。网上购物仅仅是电子商务的一小部分，而完整的电子商务过程则是一切利用现代信息技术的商业活动的电子化过程。

在电子商务交易过程中人们不再面对面、看着实实在在的货物、靠纸介质单据（包括现金）进行买卖交易，而是基于网络，通过网上各种各样的商品信息，完善的物流配送系统和方便、安全的资金结算系统进行交易。

◆ 电子商务的特点

电子商务作为一种行业模式，具有如下 7 个特点。

1. 交易环节少，营销成本低

电子商务减少了商品流通的中间环节，节省了大量的开支，从而大大降低了商品流通和交易的成本。在传统商业模式中，企业不得不拿出大量资金用于开拓分销渠道，让出很大一部分利润给各级中间商，客户不得不承担最终的高昂价格。电子商务则打破了这一局限性，它使企业和消费者直接联系，绕过了传统商业模式中的中间商，从而使销售价格更加合理。

2. 全球性

作为电子商务的主要媒介，Internet 是全球开放的，故电子商务的开展不受地理位置的限制，它面对的是全球性统一的电子虚拟市场。人们不受时间的限制，不受空间的限制，不受传统购物的诸多限制，可以随时随地在网上交易。在网上店铺中摆放多少商品几乎不受任何限制，无论你有多强的商品经营能力均可满足，且经营方式灵活，商户可以在全世界范围内方便地采购、销售各种商品。

3. 简单的电子化支付手段

随着安全电子交易（secure electronic transaction，SET）协议的推出，各银行金融机构、信用卡发放者、软件厂商纷纷提出了在网上购物的货款支付办法，有信用卡、电子现金、智能卡、储蓄卡支付等，方便了购物和从事其他交易活动。

4. 客户信息易于管理

在收到客户的订单后，服务器可自动将客户信息汇集到数据库中，并对收到的订单和意见进行分析，寻找突破口，引导新商品的生产、销售和消费。

5. 符合全球经济发展的要求

如今人们越来越追求时尚，讲究个性，注重购物的环境，网上购物更能体现个性化的消费过程。

6. 社会性

虽然电子商务依托的是网络信息技术，但它的发展和应用是社会性的系统工程，因为电子商务活动涉及企业、政府组织、消费者的参与，以及适用于电子虚拟市场的法律法规和竞争规则的形成等。如果缺少任意一个环节，势必制约甚至妨碍电子商务的发展。

7. 信息化

电子商务是以信息技术为基础的商务活动，需要通过计算机网络系统来实现信息交换和传输。电子商务的实施和发展与信息技术的发展密切相关，正是信息技术的发展推动了电子商务的发展。

◆ 电子商务模式

电子商务模式指企业运用互联网开展经营活动取得营业收入的基本方式，即在网络环境中基于一定技术基础的商务运作方式和赢利模式。目前，常见的电子商务模式主要有B2B、B2C、C2C、O2O 等。

1. B2B 电子商务模式

B2B（business to business），是商家与商家之间建立的商业关系。商家们建立商业伙伴的关系是希望通过大家所提供的东西获得互补的发展机会，大家的生意都可以有利润，例如阿里巴巴（图 1-1）和慧聪网就是典型的 B2B 电子商务网站。

图 1-1　阿里巴巴首页

目前，国内 B2B 平台的发展大体走两种路线，一种是阿里巴巴领头的综合型 B2B 平台；另一种就是垂直型 B2B 平台，如中国服装网、全球五金网、环球塑化网、华强电子网、中国鞋网、中国化工网等。

2. B2C 电子商务模式

B2C（business to customer），是商家对消费者模式，即企业通过互联网为消费者提供一个新型的购物环境——网上商店，消费者网上购物、网上支付。B2C 平台的典型代表有亚马逊中国、唯品会（图 1-2）、京东、当当等。

图 1-2　唯品会首页

B2C 是我国最早产生的电子商务模式，这种形式的电子商务一般以网络零售业为主，主要借助于 Internet 开展在线销售活动。B2C 平台主要有以下 2 种类型。

1）综合型 B2C 平台

各大电子商务公司都希望通过不断丰富经营的产品来争夺更多的客户，进而提升自己的竞争力，对用户的各种需求“一网打尽”。综合型 B2C 平台有庞大的购物群体，有稳定的网站平台，有完备的支付体系，如天猫、京东（图 1-3）、当当、苏宁易购都是综合型 B2C 平台。

图 1-3　京东首页

2）垂直型 B2C 平台

垂直型 B2C 平台销售单品类、单品牌产品，或者销售单一品类下的多个品牌产品，如小米商城就是小米品牌旗下产品的销售平台，如图 1-4 所示。

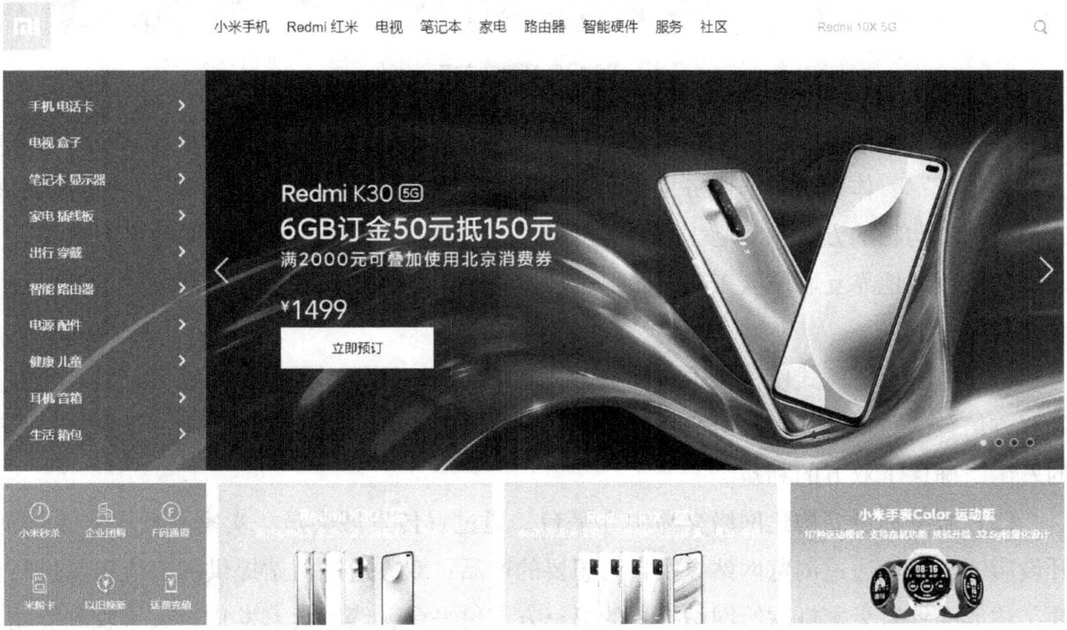

图 1-4　小米商城首页

垂直电商需要有强大的品牌影响力、足够多的产品种类，而且能够吸引足够多的流量。垂直电商“小而精”的特点强化了购物体验，满足了一些差异化需求，如对于非标准化的专业性较强的细分市场，消费者需要有细分平台为其提供有特色的和专业化的服务。

3. C2C 电子商务模式

C2C（customer to customer），是消费者和消费者之间通过电子商务网站达成交易的一种电子商务模式。C2C 平台的典型代表有易趣、淘宝（图 1-5）等。

图 1-5 淘宝首页

如今在电子商务领域，C2C 电子商务网站的出现标志着 C2C 电子商务模式已经加入电子商务的大军，体现出电子商务网站的发展更加成熟、多元化。随着互联网的迅速发展，人们在网上购物的方式得到普及，因此需要一个合适的供应商平台将买卖双方聚集在一起。如果单纯地靠互联网人工搜索，那么消费者是很难买到自己想要的商品的，商家也没有销量。

C2C 电子商务模式使得商家和消费者之间的信誉问题得到了很大的改善，实现了对买卖双方信誉的监督和管理、对交易的监控、对物流的跟踪，最大限度地避免了欺诈性事件的发生，确保了双方的利益。

C2C 服务提供商构建网络交易中介平台，通过宣传发展会员。卖家在此平台上注册、开设店铺，买家通过浏览网站寻找自己想要的产品；双方通过网站提供的交流工具进行协商，达成一致后买家打款给网站提供的第三方支付平台，然后卖家发货；买家收到货物并查验无误后确认收货，第三方支付平台放款给卖家。图 1-6 所示为淘宝平台的交易流程。

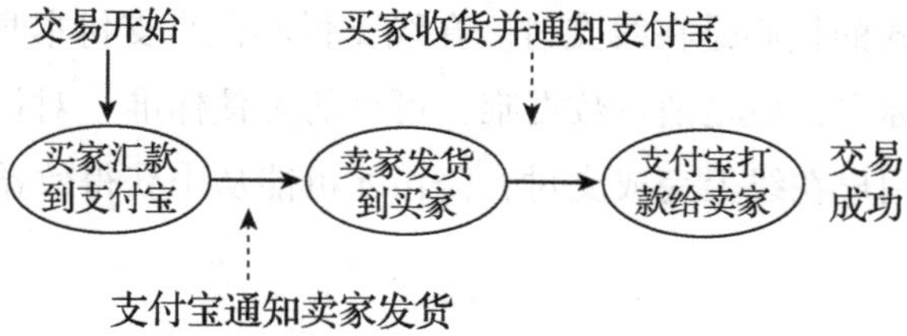

图 1–6　淘宝平台的交易流程

支付宝庞大的用户群吸引了越来越多的互联网商家主动选择集成支付宝产品和服务。目前除淘宝和阿里巴巴外，支持使用支付宝交易的商家已经超过 30 万家，涵盖了虚拟游戏、数码通信、商业服务、机票等行业。这些商家在享受支付宝提供的服务的同时，拥有了一个极具潜力的消费市场。

C2C 服务提供商主要通过向卖家收取店铺费用、交易服务费、广告费来获利。由于我国 C2C 服务提供商竞争激烈，目前大部分都提供免费服务。

4. O2O 电子商务模式

O2O 是目前非常火的概念，即 online to offline，也就是将线下的商务机会与互联网结合在一起，让互联网成为线下交易的前台。

通过 O2O 电子商务模式，线下服务可以在线上揽客，消费者可以在线上筛选服务，成交可以在线上结算。图 1–7 所示的美团就是典型的 O2O 平台。

O2O 电子商务模式的优势在于把线上和线下的优势完美结合。网络平台使互联网与实体店完美对接，实现了互联网落地，让消费者在享受线上优惠价格的同时，又可享受线下服务。O2O 电子商务模式还可实现不同商家的联盟。

图 1–7　美团首页

O2O 电子商务模式的核心是在线支付。在线支付不仅是支付本身的完成，而且是某次消费最终形成的唯一标志，更是消费数据唯一可靠的考核标准。对提供线上服务的互联网专业公司而言，只有用户在线上完成支付，公司才可能从中获得效益。

任务实施

01 网店注册

（1）进入网站首页。以博星卓越为例，打开浏览器，在浏览器的地址栏中输入网页地址，按回车键，进入商城系统首页，如图 1-8 所示。

图 1-8　网站首页

（2）登录系统后点击图 1-8 所示页面上方的“卖家中心”，系统跳转至卖家中心页面，如图 1-9 所示。

图 1-9　卖家中心页面

在图 1-9 所示的页面中，左边是列表栏，共分为 7 大模块：商品管理、闲置商品、淘宝管理、仓储管理、交易管理、店铺设置、客户服务，右边是欢迎页面。

（3）点击页面右侧的“免费开店”图标，系统跳转至选择店铺类型页面，如图 1-10 所示。

图 1-10　选择店铺类型页面

（4）点击默认等级中的“立即开店”按钮，系统跳转至填写店主和店铺信息页面，如图 1–11 所示。

图 1–11　填写店主和店铺信息页面

（5）输入店主和店铺信息，点击“立即开店”按钮，页面提示开店成功。系统跳转至卖家中心首页，如图 1–12 所示。

图 1–12　开店后的卖家中心首页

页面右侧为账户概览，分为 5 大块：店铺概况、交易提示、店铺运营推广、商城公告和官方客服。在这里店铺的运营情况一目了然。

02 开通支付方式

“交易管理”模块分为 3 个子模块：订单管理、支付方式和物流工具。在发布商品前，需至少开通一种支付方式。

（1）点击“交易管理”下的“支付方式”，系统跳转至支付方式设置页面，如图 1-13 所示。

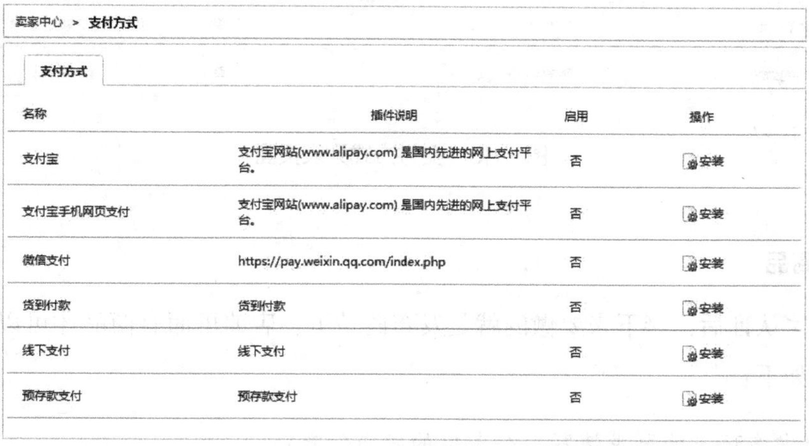

图 1-13　支付方式设置页面

（2）以货到付款为例，点击“货到付款”“操作”栏中的“安装”，系统跳转至货到付款配置页面，如图 1-14 所示。

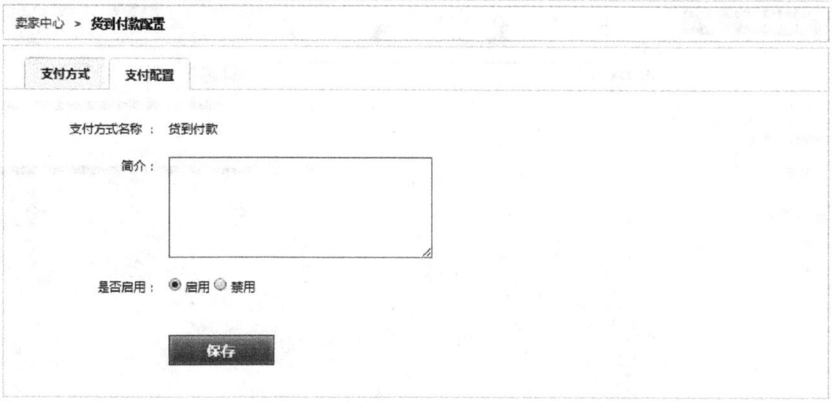

图 1-14　货到付款配置页面

（3）输入简介内容，选择“启用”，点击“保存”按钮，页面提示支付方式保存成功。系统跳转至支付方式列表页面，安装成功的支付方式的“操作”栏中会出现“配置”和“卸载”功能，如图 1-15 所示。

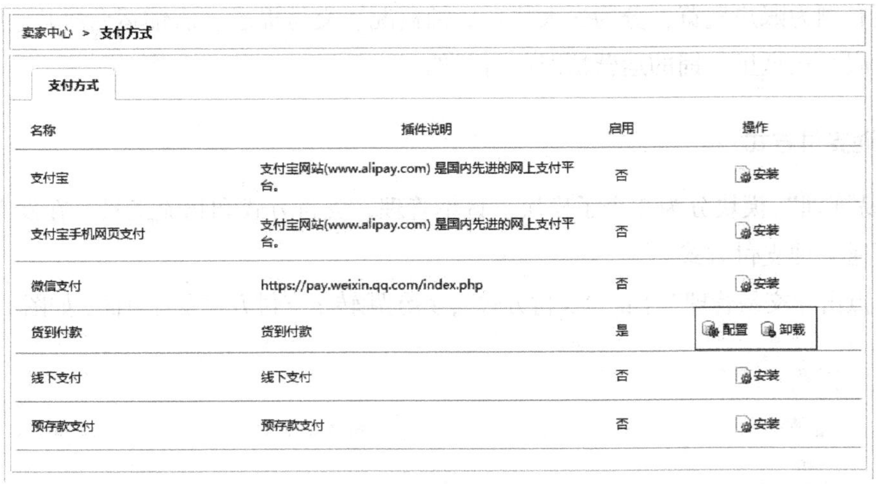

卖家中心 > 支付方式

支付方式

名称	插件说明	启用	操作
支付宝	支付宝网站(www.alipay.com) 是国内先进的网上支付平台。	否	安装
支付宝手机网页支付	支付宝网站(www.alipay.com) 是国内先进的网上支付平台。	否	安装
微信支付	https://pay.weixin.qq.com/index.php	否	安装
货到付款	货到付款	是	配置 卸载
线下支付	线下支付	否	安装
预存款支付	预存款支付	否	安装

图 1-15　支付方式列表页面

03 发布商品

通过卖家认证后，接下来要做的就是发布商品了，店铺里面有商品才可以开张。发布商品的要求如下：

- 按照发布环节的要求填写符合条件的发布信息；
- 卖家必须开通至少一种支付方式；
- 在发布商品时必须遵守平台规则。

（1）点击“商品管理”下的“商品发布”，系统跳转至如图 1-16 所示的页面。

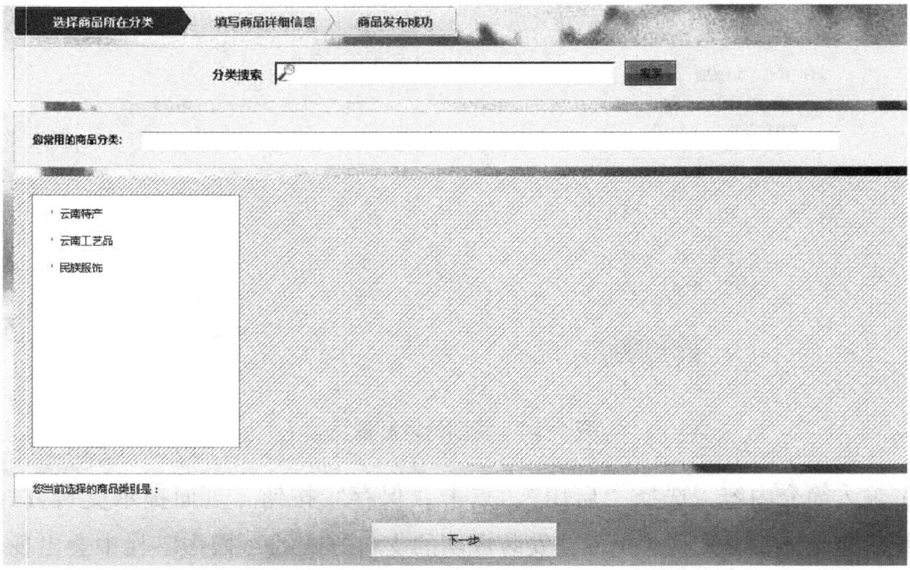

图 1-16　选择商品所在分类页面

（2）选择商品类别，点击“下一步”按钮，系统跳转至填写商品详细信息页面，如图 1-17 所示。

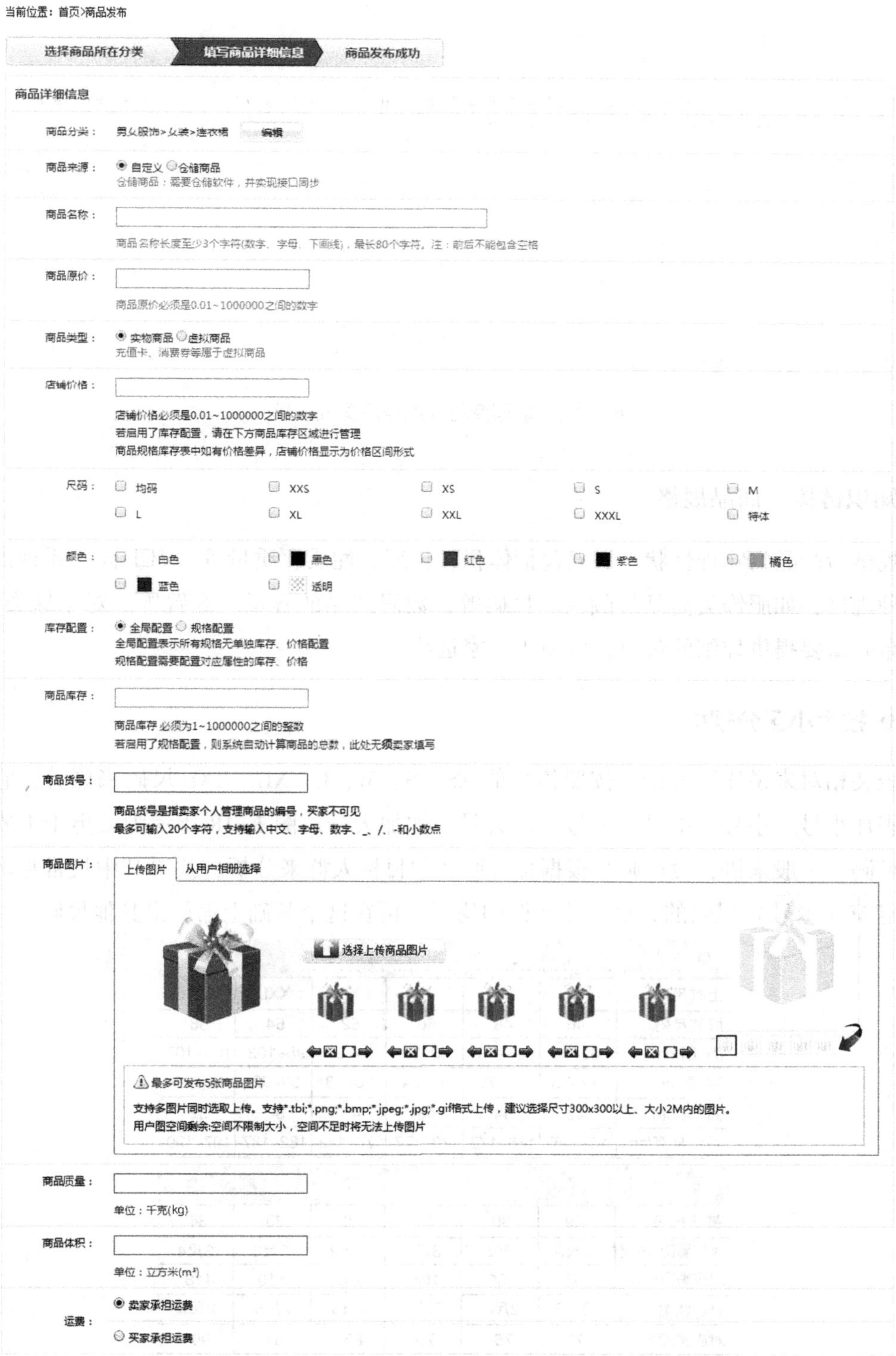

图 1-17　填写商品详细信息页面

图 1-17　填写商品详细信息页面（续）

知识链接　商品规格

规格指产品的物理性状，一般包括体积、长度、性质、质量等。有些同一系列的商品有多种规格，如服饰类商品的颜色、尺码等，数码产品的容量、配置等。对于这类商品，在发布时需要提供详细的规格，以便于买家选购。

◆ 按大小区分规格

服装相对来说比较复杂，按照传统的 XS、S、M、L、XL、XXL 尺码来区分，它们依次代表加小号、小号、中号、大号、加大号、加加大号。图 1-18 所示为某男士上衣和裤子的尺码。一般来讲，设计师会根据穿着服装的目标人群来分析，找出其中最常见的体型来确定 M（中号）尺码的大小，即所谓的均码，再在这个基础上缩放出其他尺码。

男士 上衣 尺寸						
上衣尺码	S	M	L	XL	XXL	XXXL
服装尺码	46	48	50	52	54	56
胸　围/cm	82~85	86~89	90~93	94~97	98~102	103~107
腰　围/cm	72~75	76~79	80~84	85~88	89~92	93~96
肩　宽/cm	42	44	46	48	50	52
适合身高/cm	163~167	168~172	173~177	178~182	182~187	187~190

男士 裤子 尺寸						
裤子尺码	29	30	31	32	33	34
对应臀围/市尺	2尺9	3尺	3尺1	3尺2	3尺3	3尺4
对应臀围/cm	97	100	103	107	110	113
对应腰围/市尺	2尺2	2尺3	2尺4	2尺5	2尺6	2尺7
对应腰围/cm	73	76	79	83	87	90

图 1-18　服装尺码

鞋子按脚的长短来确定尺码，一般女鞋的 35、36、37 码属于常见尺码，38、39 码属于偏大的码数；男鞋的 40、41、42 码属于常见尺码，这个范围之外的尺码属于偏小或者偏大的码数，如图 1-19 所示。

●尺码测量方法

测量时必须采取正确的姿势

① 双腿平行站立（勿坐、勿蹲）；

② 体重均分在双脚上；

③ 把脚平放在白纸上，用笔点出左右最宽点和前后最长点，
左右两点间的垂直直线距离为脚宽，
前后两点间的垂直直线距离为脚长。

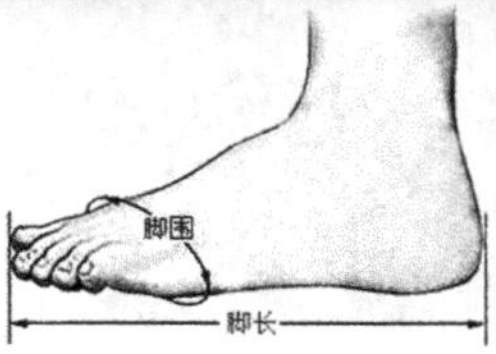

●尺码对照表

温馨提示	DUNICE帆布鞋尺码比正常码**偏大一码**，建议选购时**选择小一码**！(例如：平常穿37码，则购买36码) 切记！切记！									
男款尺码表										
欧洲码(EUR)	35	36	37	38	39	40	41	42	43	44
美国码(USA)	/	/	/	/	6	7	7.5	8.5	9.5	10
脚 长/mm	/	/	/	/	260	265	270	275	280	285
女款尺码表										
欧洲码(EUR)	35	36	37	38	39	40	41	42	43	44
美国码(USA)	4.5	5.5	6.5	7.5	8.5	/	/	/	/	/
脚 长/mm	225	235	245	255	265	/	/	/	/	/

图 1-19　鞋子尺码

文胸是以下胸围和罩杯大小来区分规格的，例如 70A、70B、80B、80C 等，这里的 70、80 指下胸围，A、B、C 指罩杯的型号，如图 1-20 所示。

尺码对照表

国际码	70A	70B	70C	75A	75B	75C	80A	80B	80C	85A	85B	85C
英式码	32A	32B	32C	34A	34B	34C	36A	36B	36C	38A	38B	38C
上胸围/cm	80	83	85	85	88	90	90	93	95	95	98	100
下胸围/cm	68~72			73~77			78~82			83~87		
上胸围与下胸围的差距	A罩杯 约10cm				B罩杯 10.5~12.5cm				C罩杯 13~15cm			

图 1-20　文胸尺码

◆ 按质量区分规格

食品类、茶叶类商品都是用质量单位“克”“千克”来区分规格的。在商品的外包装上，区分规格的质量单位“克”经常用英文字母“g”表示，单位“千克”用英文字母“kg”表示，如 100 g 豆腐干、200 g 茶叶、30 kg 大米。图 1-21 所示的食品是按克区分规格的。

图 1-21　按克区分规格

◆ 按容量区分规格

饮料、油、护肤类商品的规格都是用容量单位“升”“毫升”来表示的，外包装上的“mL”表示容量单位“毫升”，“L”表示容量单位“升”，例如 500 mL 白酒、5 L 食用油、100 mL 香水，如图 1-22 所示。

图 1-22　按容量区分规格

◆ 按长度区分规格

网线、布料、花边等商品是采用长度单位“米”“厘米”来区分规格的，长度单位“米”“厘米”在外包装上通常用“m”“cm”表示，一般长度越大价格越高，如图 1-23 所示。

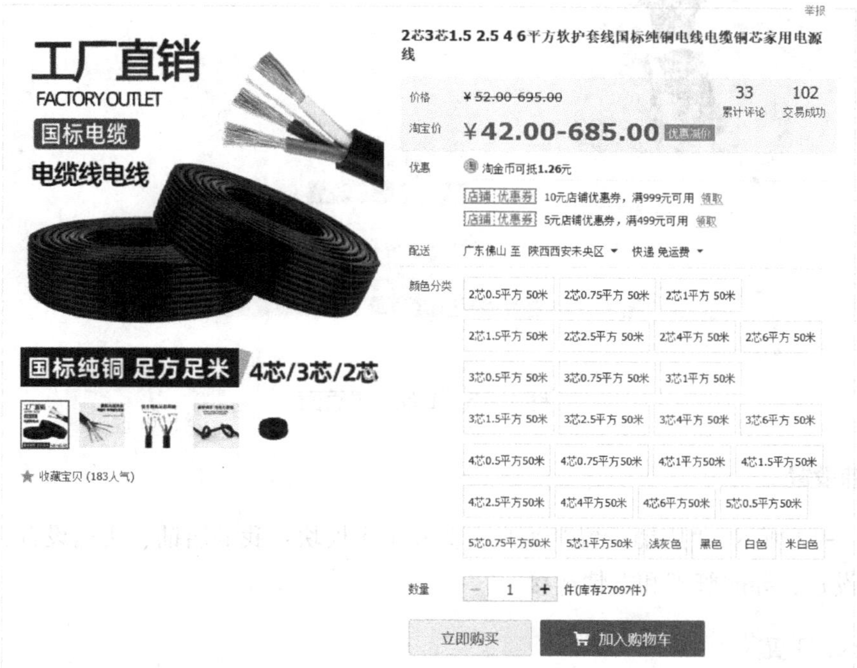

图 1-23　按长度区分规格

除此之外，商品规格的区分还可用其他计量单位，比如地板按平方米计算价格、木材按立方米计算价格、电脑按配置计算价格，更多的商品是按件数、个数来计算价格的，甚至有的同款商品因为不同颜色的热销程度不同，价格也有所不同。

（3）输入各项内容，点击“提交”按钮，商品发布成功。我的店铺和出售中的商品页面均显示所添加的商品，如图 1-24 所示。

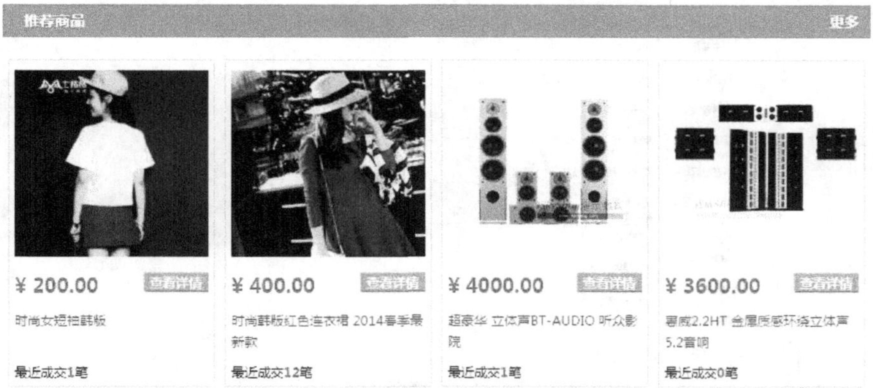

图 1-24　我的店铺商品显示页面

（4）点击“查看详情”按钮，可查看商品的详细信息，如图 1-25 所示。

图 1-25　商品详情页面

04 店铺设置

如图 1-12 所示，“店铺设置”模块分为 6 个子模块：我的店铺、店铺设置、子账户管理、主题设置、导航管理和友情链接。

1. 店铺设置

点击“店铺设置”下的“店铺设置”，页面跳转至店铺设置页面，如图 1-26 所示。

图 1-26　店铺设置页面

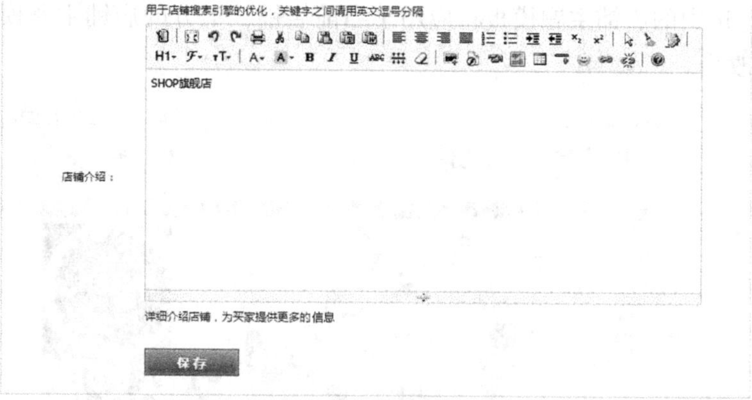

图 1-26　店铺设置页面（续）

图 1-26 所示的页面分为“店铺设置”“店铺幻灯”“店铺地图”和“店铺认证”4 个子页面，可分别设置店铺的相关内容，使店铺信息更完整。

2. 主题设置

在图 1-12 所示页面左侧的导航栏中点击“主题设置”，进入店铺主题页面，如图 1-27 所示。

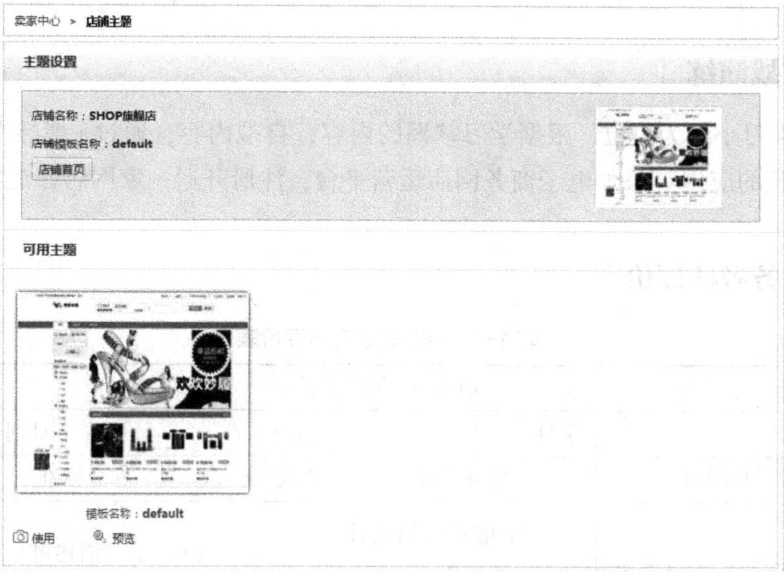

图 1-27　店铺主题页面

在店铺主题页面中，系统会根据当前店铺等级自动匹配对应的可选模板，用户可以在该页面中查看当前店铺名称以及当前所使用店铺主题模板的名称和缩略图。

点击“店铺首页”按钮，进入我的店铺首页。在“可用主题”区域点击“预览”按钮，可以对选中的店铺主题模板进行预览，如图 1-28 所示。在“可用主题”区域点击

“使用”按钮，选中的店铺主题模板将应用于当前店铺，上方的店铺主题模板的名称和缩略图也会相应改变。

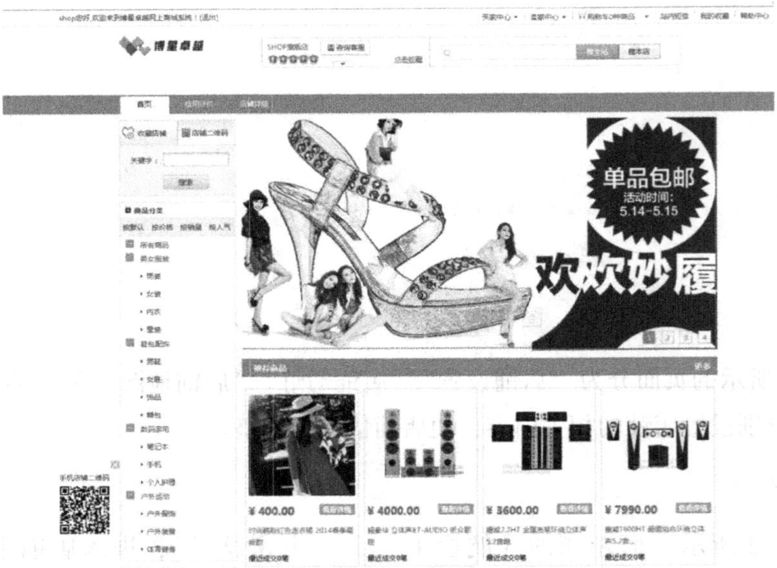

图 1-28　店铺主题模板预览

实战演练

学员以学习小组为单位，根据学习掌握的内容，自拟内容，通过 i 博导平台的“个人中心”→“我的应用”添加电子商务网店运营平台，注册开通一家网店并汇报注册过程。

任务考核评价

表 1-1　网店开设考核评价表

<table>
<tr><th colspan="10">项目一　网店开设</th></tr>
<tr><td colspan="2">学员姓名</td><td></td><td>学号</td><td></td><td>班级</td><td></td><td>日期</td><td colspan="2"></td></tr>
<tr><td>项目</td><td colspan="2">考核项目</td><td colspan="2">考核要求</td><td>配分</td><td colspan="3">评分标准</td><td>得分</td></tr>
<tr><td rowspan="3">知识目标</td><td colspan="2">电子商务的概念和特点</td><td colspan="2">（1）能正确描述什么是电子商务；
（2）能正确描述电子商务的特点</td><td>10</td><td colspan="3">（1）正确描述电子商务的概念得 5 分；
（2）特点漏一项扣 1 分</td><td></td></tr>
<tr><td colspan="2">电子商务模式</td><td colspan="2">能区分各种电子商务模式的特点</td><td>10</td><td colspan="3">错误一项扣 2 分</td><td></td></tr>
<tr><td colspan="2">商品规格</td><td colspan="2">能按照商品种类进行规格分类</td><td>10</td><td colspan="3">错误一项扣 2 分</td><td></td></tr>
</table>

（续）

项目	考核项目	考核要求	配分	评分标准	得分
能力目标	网店注册	（1）能正确开设网店； （2）能正确开通支付方式； （3）能对店铺进行设置	30	（1）网店开设步骤错误扣10分； （2）支付方式设置错误扣10分； （3）店铺设置错误扣10分	
	发布商品	能根据商品类别在店铺中发布商品	20	（1）商品类别设置错误扣10分； （2）发布商品操作错误扣10分	
过程方法和社会能力	过程方法	（1）掌握自主发现、自主探索的学习方法； （2）学会在学习中反思、总结，调整自己的学习目标，在更高的水平上获得发展	10	能在工作中反思，有创新见解，能自主发现、自主探索，酌情得5~10分	
	社会能力	小组成员间团结、协作，共同完成工作任务，培养良好的职业素养（工位卫生、工服穿戴等）	10	（1）工服穿戴不全扣3分； （2）工位卫生情况差扣3分	
实训总结		完成本次工作任务的体会（学到哪些知识，掌握哪些技能，有哪些收获）：			
得分					

经验总结

擅长的方面

需要改进和加强的方面

项目二　商品美化

任务描述

之前你已经在网站上注册并开设了店铺，也设置了店铺主题，为了吸引更多的买家光顾店铺，将苹果更好地推销、售卖出去，需要对店铺里的商品照片进行美化处理，通过环境的布景、道具的搭配和软件的后期处理将商品更好地展现出来。

背景知识

怎样把商品真实、清晰地呈现在买家面前，是开设网店必须掌握的一项基本技能，精美的商品照片无疑会为商品增色不少。卖家有很多不同类型的产品，拍摄不同的商品需要不同的摄影棚，掌握不同的布光技巧。

◆ 选择合适的相机与辅助器材

在拍摄商品时，怎样才能把商品的细节和特色展现出来，这是很多卖家都关心的问题。要拍摄好商品，前提是选择合适的相机与辅助器材。

一、相机具备的基本功能

1. 手动功能

拍摄商品时，要根据光线和拍摄需要自由调节相机的设置，手动功能是必需的。手动功能在相机上以“M”表示，如图 2-1 所示。

2. 微距功能

微距是拍摄商品时经常用到的一个功能，它可以很清楚地展现产品的细节。该功能在相机上一般以一朵小花为标志，如图 2-2 所示。

图 2-1　手动功能

图 2-2　微距功能

微距功能的主要作用如下。

（1）表现细节。在展示商品的局部细节特征的时候，可以使用微距功能。

（2）体现质感。使用微距功能可以将商品的质感完美表现，特别是对于一些有纹理的商品。

（3）虚化背景。当把注意力放在眼前的事物上时，远处的事物就变得模糊和虚化了，相机的微距功能也可实现这样的效果，从而增强商品的表现力。

图 2-3 为使用微距功能拍摄的商品细节图。

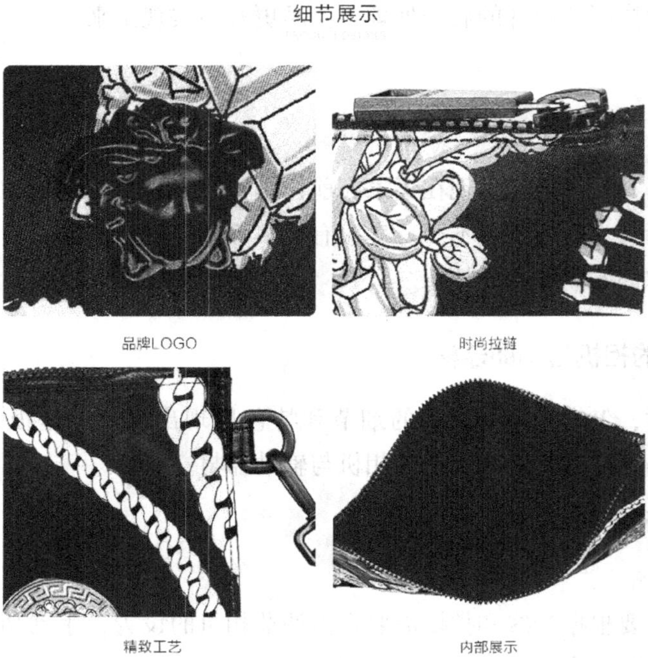

图 2-3　使用微距功能拍摄的商品细节图

3. 手动白平衡功能

另外，相机最好还具有自定义白平衡功能，即手动白平衡功能，如图 2-4 所示。

图 2-4　手动白平衡功能

二、拍摄所需的辅助器材

1. 三脚架

三脚架的主要作用是稳定相机，保证图像的清晰度。微距拍摄就会使用到三脚架，如图 2-5 所示。

2. 灯光设备

灯光设备是室内拍摄用到的主要工具，主要用于在光线不足的情况下照亮场景，以获得正确曝光的影像。节能灯、摄影灯、外置闪光灯等都是常用的灯光设备，如图 2-6 所示。

图 2-5　三脚架

图 2-6　节能灯、摄影灯和外置闪光灯

3. 摄影棚

专业的柔光摄影棚是拍摄小件商品的首选地点，如图 2-7 所示。除了购买专业的摄影棚外，还可以自制摄影棚。

4. 反光板和反光伞

反光板的最主要作用是为主光照不到的暗部提高亮度，再现暗部的原有层次，调节和控制画面的明暗反差，使明暗过渡的层次丰富细腻，立体感和质感得到较好的体现。反光板和反光伞如图 2-8 所示。

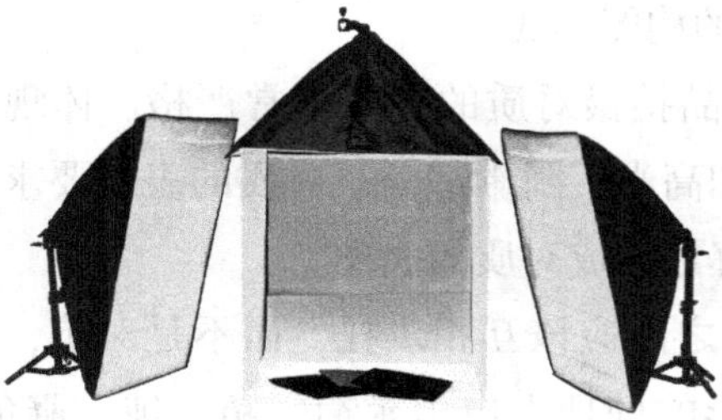

图 2-7　柔光摄影棚

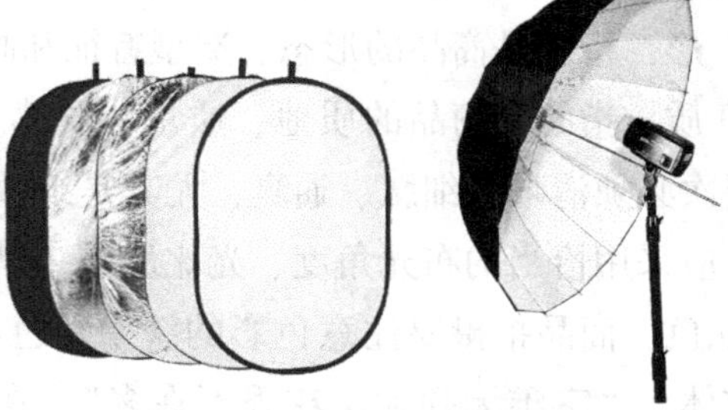

图 2-8　反光板和反光伞

5. 背景纸和背景布

常使用的背景道具有各种颜色的背景纸和背景布，使用背景道具可使商品照片获得明快、干净的背景，如图 2-9 所示。

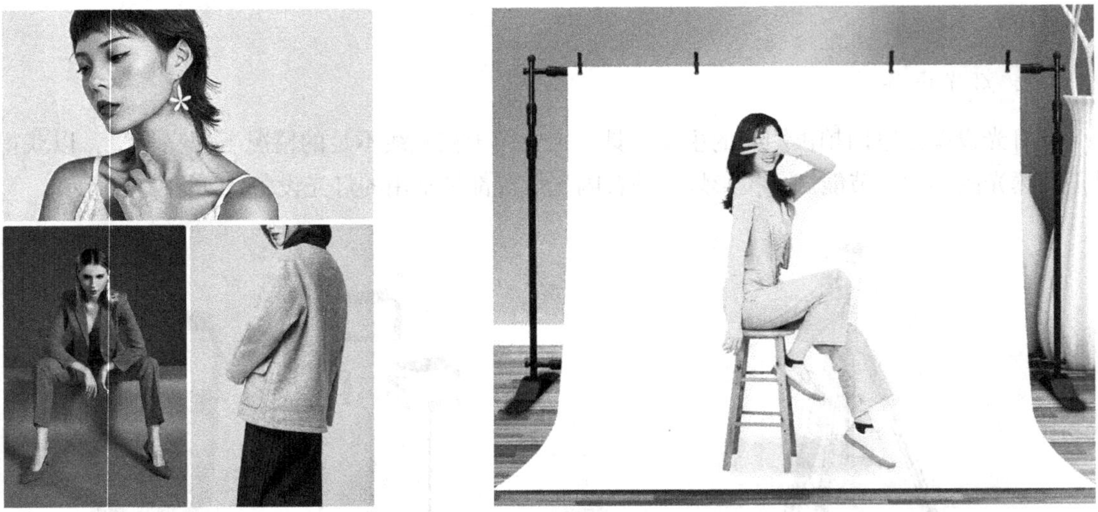

图 2-9　背景纸拍摄和背景布拍摄

◆ 商品拍摄的特点与技巧

一、商品拍摄的特点

商品拍摄不受时间和环境的限制，一天 24 小时都可以进行。拍摄的关键在于对商品合理地构图和恰当地用光，将商品表现得完美、有质感，通过图片给买家以真实的感受。

商品拍摄的特点如下。

（1）对象静止。商品拍摄区别于其他摄影的最大特点是它所拍摄的对象都是静止的物体。

（2）摆布拍摄。摆布拍摄是商品拍摄区别于其他摄影的又一个显著特点，不需要匆忙地在现场拍摄，可以根据拍摄者的意图进行摆布，慢慢地完成。

（3）还原真实。不必过于追求意境，以免失去物品的本来面貌。商品拍摄的总体要求是将商品的形、质、色充分表现出来，而不夸张。

① 形，指的是商品的形态、造型特征和画面的构图形式。

② 质，指的是商品的质地、质量、质感。商品拍摄对质的要求非常严格。体现质的影纹层次必须清晰、细腻、逼真，尤其是细微处和高光、阴影部分，对质的表现要求更为严格。应采用恰当的布光角度、光比反差，以更好地完成对质的表现。

③ 色，商品拍摄要注意色彩的统一。色与色之间应该互相烘托，而不是对抗，是统一的整体。“室雅无须大，花香不在多”，在色彩的处理上应力求简、精、纯，避免繁、杂、乱。

二、商品拍摄的技巧

不同的商品有不同的拍摄技巧，下面介绍几种常见商品的拍摄技巧。

1. 服装拍摄技巧

1）摆拍

无论是男装还是女装，摆拍都是一种常见的拍摄方式。摆拍需要注意三点：首先，可以添加配饰，如小礼帽、鞋和包包等，让衣服看上去更吸引人；其次，衣服不要横平竖直地摆放在地上，可以倾斜一定的角度或者捏出一些自然的褶皱，这样能让图片看上去更有层次感；最后，添加小花之类的装饰点缀画面。摆拍图如图 2-10 所示。

2）挂拍

挂拍比摆拍难掌握一点，挂拍选择的背景墙最好为浅色，不仅百搭，也能很好地突出主体。挂拍通常要用到衣架，可以选择与服装风格一致的衣架或者不太显眼的衣架。挂拍图如图 2-11 所示。

3）模特实拍

模特实拍是较为理想的展示服装的方法之一。它可以通过模特的穿着展示服装的整体观感，服装的特点能较清楚地展示出来。在拍摄时，加些生活用品、家具等做辅助背景或者在户外拍摄都是很好的选择。模特实拍要求服装尽可能符合模特的身材，这样服装才能最完美、最准确地被展示。模特实拍图如图 2-12 所示。

图 2-10　摆拍

图 2-11　挂拍

图 2-12　模特实拍

2. 包类拍摄技巧

包类指钱包、手提包、双肩包等商品，这类商品需要根据材质的不同进行拍摄。

1）体现立体感

在拍摄背包的时候，为了体现其立体感，需要在包里装一些填充物，让包包有型，从而让买家清楚地知道在实际使用中包包的模样。填充物可以是塑料袋或废报纸，如图 2-13 所示。

2）体现材质

皮包的材质和皮鞋一样，在拍摄时容易反光，因此照明的控制很关键，建议在拍摄过程中使用反光板，这样能使光线柔和许多。

3）体现美感

拍摄钱包之类的包包时，一定要注意物品的摆放，要让小包包看起来很美丽。可以在钱包的后面放置透明的物体支撑钱包，使支撑物在钱包后方的阴影不那么显眼。钱包靠着盒子倾斜地摆放，很自然且不呆板。

4）体现细节

牢固的缝制和结实的拉链、五金件能体现包包的品质，在拍摄的时候一定要表现出来。另外，包包的内部结构也是买家关心的细节，拍摄时将包包内部的填充物取出，放置一些生活用品，如纸巾、手机和钥匙等，如图 2-14 所示。

图 2-13　体现立体感

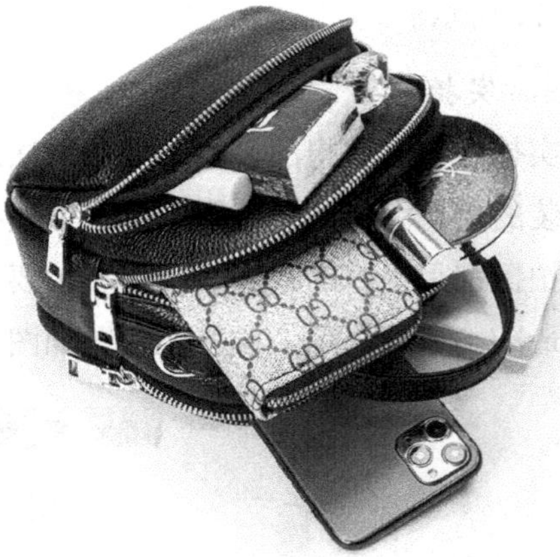

图 2-14　体现细节

3. 珠宝首饰拍摄技巧

珠宝首饰摄影是商业摄影中最困难的工作，因为珠宝首饰体积小，又容易产生反射问题，所以较难拍出理想的、高贵的效果。珠宝首饰体积通常较小，微距摄影是常用的功能之一。珠宝首饰拍摄要注重构图，使其显得不单一。可以通过缩小景深突出主体，虚化背景，如果想要整件珠宝首饰都看得清楚，可以将相机移至与珠宝首饰垂直的地方进行俯拍，将珠宝首饰作为画面的主体，如图 2-15 所示。

珠宝首饰的材质有反光材质与透明材质两种，合理地表现这两种主要的材质能提高画面内容的质量，可以使用黑、白、灰卡纸，硫酸纸和反光纸等辅助用品作为背景进行布光来得到想要的效果。不同的背景有不同的表现形式，黑色背景可以衬托出物体的光亮美感，还可以使画面简洁明快，展示物体的细节，让消费者更清楚地了解商品，如图 2-16 所示。

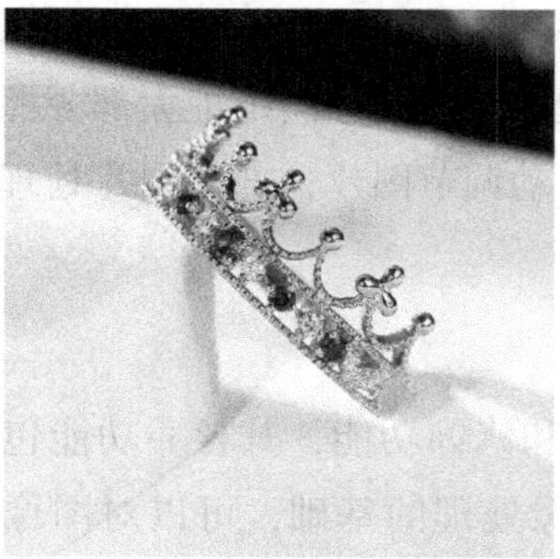

图 2-15　背景虚化

图 2-16　突出细节

4. 鞋子拍摄技巧

一般鞋子的拍摄采取侧面拍摄和斜侧面拍摄。模特穿着鞋子，摆出走动的姿势或者很惬意的姿势，这样方便看到鞋子的空间立体感和鞋子与腿部连贯形成的自然、优美的曲线，给买家一个自我想象的画面，从而激发购买欲望。图 2-17 为鞋子拍摄图。

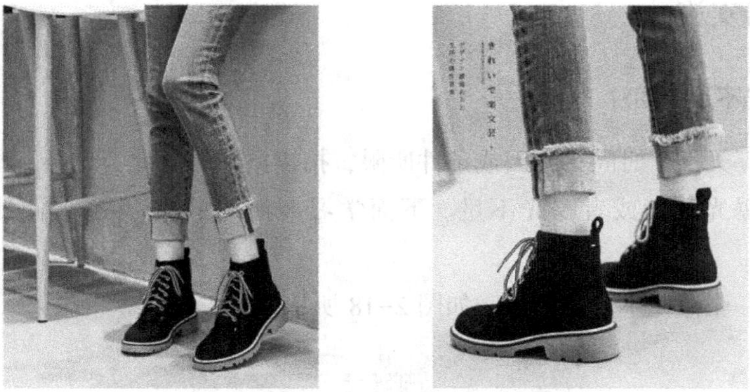

图 2-17　鞋子拍摄

◆ 商品图片处理与美化工具

俗话说“七分拍三分修”。拍摄商品图片后，还需要进行后期的处理与美化，以使商品更加漂亮、吸引人。下面介绍处理与美化商品图片的几种常用工具。

一、美图秀秀

美图秀秀是一款免费的图片处理软件，具有特效、美容、拼图、场景、边框、饰品等功能。相对于 Photoshop，美图秀秀更简单易学，比较适合没有基础的初学者。

二、光影魔术手

光影魔术手是一款对数码照片进行后期处理和修饰的图像处理软件，其操作简单，使用者不需要专业的图像处理技术就可以获得专业胶片摄影的色彩效果，是摄影作品后期处理、图片快速美容、数码照片冲印整理常用的图像处理软件。光影魔术手具有强大的调图参数、丰富的数码特效、海量的边框素材、随心所欲的拼图、文字编辑、水印等功能。其优势是操作简单、易用，不需要专业的图像处理技术，能够满足绝大部分照片后期处理的需要，批量处理功能非常强大。其不足是不能手动调节图片，部分图片处理仍需要借助于Photoshop才能完成。

三、Photoshop

Photoshop（简称PS）具有强大的图像编辑和修饰功能，其核心功能包括抠图和图像的修饰、调色、合成等。编辑和修饰图像是图像处理的基础，可以对图像进行缩放、旋转、斜切、翻转、透视、变形等基本操作，也可以对图像进行复制、删除、去除斑点、修补、修饰残损等操作，以得到满意的效果。图像的合成则是将几幅图像通过图层操作、工具应用合成为完整的、传达明确意思的图像。Photoshop提供的绘图工具可以让外来图像与创意很好地融合，使图像的合成天衣无缝。校色调色是Photoshop的强大功能之一，可方便、快捷地对图像进行明暗、色调的调整和校正。

任务实施

01 调整曝光不足的图片

由于技术、天气、时间等原因或条件所限，拍摄出来的图片有时会不尽如人意，最常见的问题就是曝光过度或者曝光不足。下面学习如何用Photoshop软件处理曝光不足的图片。

（1）打开一张曝光不足的图片，如图2-18所示。

图2-18　曝光不足的图片

（2）选择“图像”→“调整”→“曝光度”命令，如图2-19所示，弹出“曝光度”对话框，如图2-20所示。

图 2-19　选择“曝光度”命令

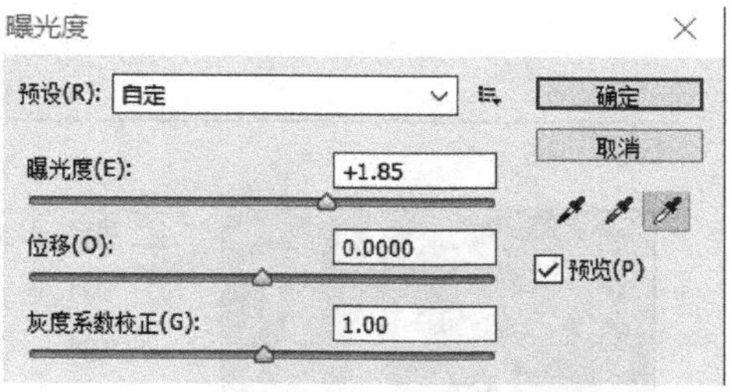

图 2-20　“曝光度”对话框

（3）将曝光度的值调大，然后点击“确定”按钮，即可调整图片的曝光度，调整后的图片如图 2-21 所示。

图 2-21　调整曝光度后的图片

02 调整图片的清晰度

用数码相机或手机拍照，难免因为各种原因使得图片的效果不尽如人意，其中最常见的是图片模糊。使用 Photoshop 调整图片清晰度的具体步骤如下。

（1）打开一张模糊的图片，如图 2-22 所示。

图 2-22　模糊的图片

(2) 按 Ctrl+J 键创建副本，选择“滤镜”→“其他”→“高反差保留”命令，弹出“高反差保留”对话框，在其中根据图片情况设置“半径”，一般为 2~5 像素，如图 2-23 所示。

(3) 在图层面板中将图层混合属性设置为“叠加”，如图 2-24 所示。

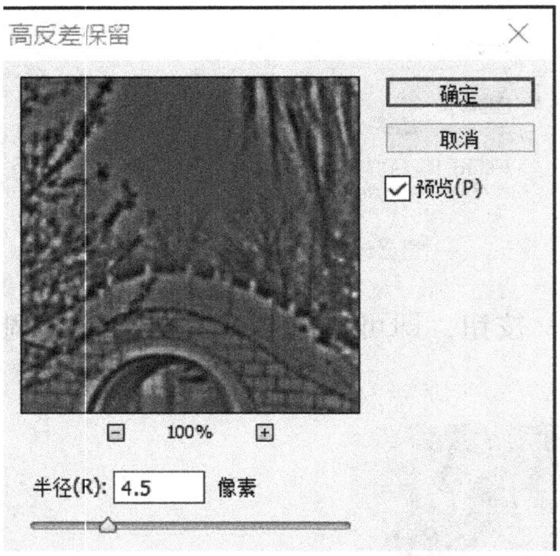

图 2-23 “高反差保留”对话框

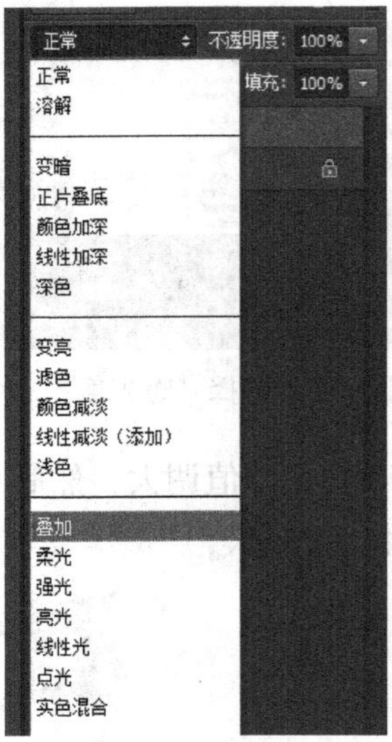

图 2-24 将图层混合属性设置为“叠加”

(4) 选择“滤镜”→“锐化”→“USM 锐化”命令，弹出“USM 锐化”对话框，如图 2-25 所示。

(5) 选择“图像”→“调整”→“亮度/对比度”命令，弹出“亮度/对比度”对话框，如图 2-26 所示。

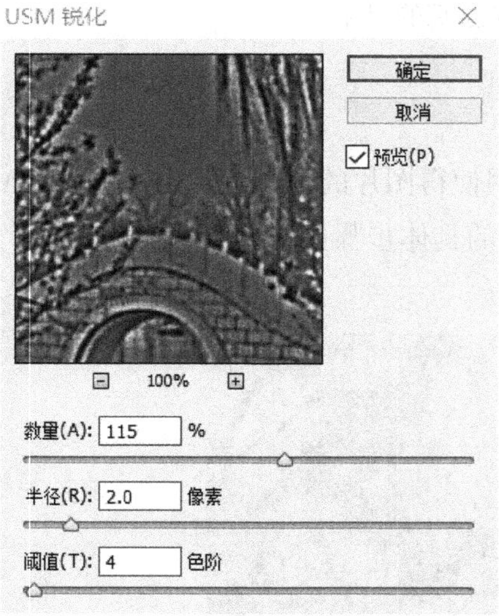

图 2-25 “USM 锐化”对话框

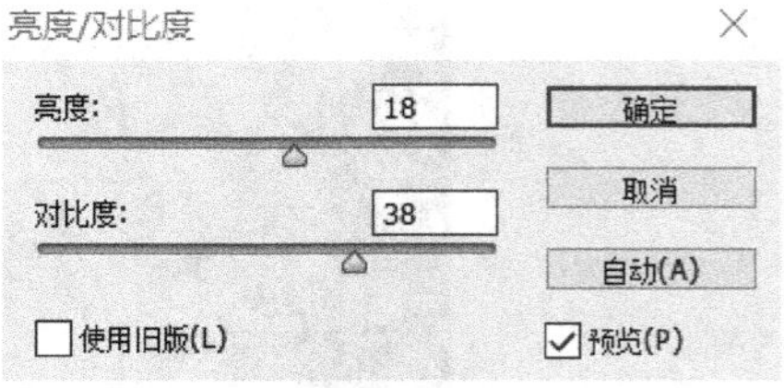

图 2-26 “亮度/对比度”对话框

(6) 保存图片，输出完成。调整后的图片如图 2-27 所示。

图 2-27　调整清晰度后的图片

03　调整图片的大小

上传到店铺的图片需要设置一定的尺寸才能完美地显示，有些图片直接缩小并不能得到想要的效果，下面介绍如何将图片自由裁剪到想要的尺寸。

（1）打开图片，选择工具箱中的裁剪工具，如图 2-28 所示。

（2）在图片上按住鼠标左键拖动，选择要保留的区域，如图 2-29 所示。

图 2-28　裁剪工具

图 2-29　选择区域

（3）选好后双击鼠标左键确定裁剪区域，即可得到所需尺寸的图片，如图 2-30 所示。

图 2-30　调整大小后的图片

04 图片添加水印

为了吸引顾客，通常卖家会做很多准备工作，采用各种方法把店铺中的商品拍摄得更加漂亮，可以说每一张商品图片都是卖家的劳动成果。为了防止别人盗用自己的图片，最好的方法是为图片添加水印，具体操作如下。

（1）打开图片，如图 2-31 所示。

图 2-31　待添加水印的图片

（2）选择工具箱中的横排文字工具，在图片上输入文字“家居家纺”，如图 2-32 所示。

图 2-32　添加文字

（3）打开图层面板，将“不透明度”设置为 40%，水印添加完成，如图 2-33 所示。

图 2-33　添加水印后的图片

实战演练

每个学习小组为本小组网店中的商品拍摄图片，并进行后期处理和美化，将拍摄过程、后期处理过程和最终的图片记录下来，进行分享。

任务考核评价

表 2-1　商品美化考核评价表

<table>
<tr><th colspan="10">项目二　商品美化</th></tr>
<tr><td colspan="2">学员姓名</td><td></td><td>学号</td><td></td><td>班级</td><td></td><td>日期</td><td colspan="2"></td></tr>
<tr><td>项目</td><td colspan="2">考核项目</td><td colspan="2">考核要求</td><td>配分</td><td colspan="3">评分标准</td><td>得分</td></tr>
<tr><td rowspan="2">知识目标</td><td colspan="2">拍摄所需的辅助器材</td><td colspan="2">能正确区分各类辅助器材</td><td>10</td><td colspan="3">错误一项扣 2 分</td><td></td></tr>
<tr><td colspan="2">商品拍摄的特点与技巧</td><td colspan="2">能清楚描述各类商品拍摄的特点与技巧</td><td>10</td><td colspan="3">错误一项扣 2 分</td><td></td></tr>
</table>

（续）

项目	考核项目	考核要求	配分	评分标准	得分
能力目标	图片曝光不足的处理	能用 Photoshop 对曝光不足的图片进行处理	15	对错误的操作酌情扣分	
	图片清晰度的处理	能用 Photoshop 对不清晰的图片进行处理	15	对错误的操作酌情扣分	
	图片大小的处理	能用 Photoshop 调整图片的大小	15	对错误的操作酌情扣分	
	图片添加水印的处理	能用 Photoshop 为图片添加需要的水印	15	对错误的操作酌情扣分	
过程方法和社会能力	过程方法	（1）掌握自主发现、自主探索的学习方法； （2）学会在学习中反思、总结，调整自己的学习目标，在更高的水平上获得发展	10	能在工作中反思，有创新见解，能自主发现、自主探索，酌情得 5~10 分	
	社会能力	小组成员间团结、协作，共同完成工作任务，培养良好的职业素养（工位卫生、工服穿戴等）	10	（1）工服穿戴不全扣 3 分； （2）工位卫生情况差扣 3 分	
实训总结		完成本次工作任务的体会（学到哪些知识，掌握哪些技能，有哪些收获）：			
得分					

经验总结

擅长的方面

需要改进和加强的方面

项目三　网店装修

任务描述

网店运营一段时间后，通过店铺后台数据分析发现，顾客停留在店铺的时间很短，基本上都是一打开店铺便关闭。分析原因，可能是店铺页面过于粗糙，不能吸引顾客继续停留查看，所以要对网店页面进行布局设计与美化。

背景知识

要对店铺首页进行布局，就应该掌握布局的内容。一个正常营业的网店，其店铺首页主要由店招、导航条、海报、产品分类、客服、产品展示、店铺尾页、店铺背景等部分组成。

◆ 店铺首页布局的内容

1. 店招

店招是店铺的招牌和脸面，通过它展示网店的经营内容和亮点。店招一般包括店铺名称、店铺标识（logo）等。内容丰富的店招可以展示1~2款主推产品、优惠券、店铺收藏等内容。

2. 导航条

导航条的主要功能是快速链接到指定的页面，让买家更方便地找到所需要的内容，提高购物的目的性，促进交易。其中一部分内容为产品分类、首页等；另一部分内容包括会员服务、购物须知、店铺品牌故事等。

3. 海报

海报主要用于展示店铺重大公告、折扣优惠、主打产品，让顾客一进入首页就能看到店铺的重点信息。一般来说，全屏海报尺寸为1 920像素×600像素。

4. 产品促销轮播海报

轮播海报主要用于推广促销产品。轮播海报的尺寸通常为950像素×500像素，建议高度为400~500像素。

5. 产品分类

产品分类是每个网店都有的模块，可按产品的功能或属性分类。该模块的尺寸可根据店铺规划的大小来确定。应尽量使用人性化的分类方法，以节约买家搜索产品的时间。

6. 优惠券

优惠券是网店的推广服务，可以通过平面图片的设计将优惠券展示在店铺首页，让买家一目了然。

7. 客服

应将客服的在线时间、联系方式设计在店铺首页上，以方便买家联系卖家。对旺铺而言，客服最好放在促销模块的右下角。

8. 产品自定义主图展示

产品自定义主图展示是通过平面图片展示产品，这样更能突出产品的性价比，极大地提高产品的视觉展示效果。本模块可根据店铺规划来定义。

9. 店铺尾页

尾页和首页是相互呼应的，要让网店页面更加完整，尾页的设计要和网店的整体风格相一致。尾页展示的内容主要包括包装、快递、售后服务、消费者保障信息等，要注意根据页面布局把握好尺寸。

10. 店铺背景

一个店铺风格的确立，店铺背景在其中有重要的作用。店铺背景设计的主要内容是店铺的背景图片，店铺的二维码、折扣信息都可以加到店铺背景上。

◆ **网店页面布局的原则**

网店页面在设计上与报纸等有许多共同之处，也要遵循一些设计的基本原则。熟悉设计的原则，并考虑页面的特殊性，便不难设计出美观大方的页面。网店页面布局有以下原则，熟悉这些原则对网店页面设计有所帮助。

1. 主次分明，中心突出

在设计页面时，必须考虑视觉中心，这个中心一般在屏幕的中央或者中间偏上的部位，因此，重要商品或内容一般安排在这个位置，在视觉中心以外的地方安排次要的内容，这样就突出了重点，做到了主次有别。如图 3-1 所示，页面中间偏上的位置放置着重

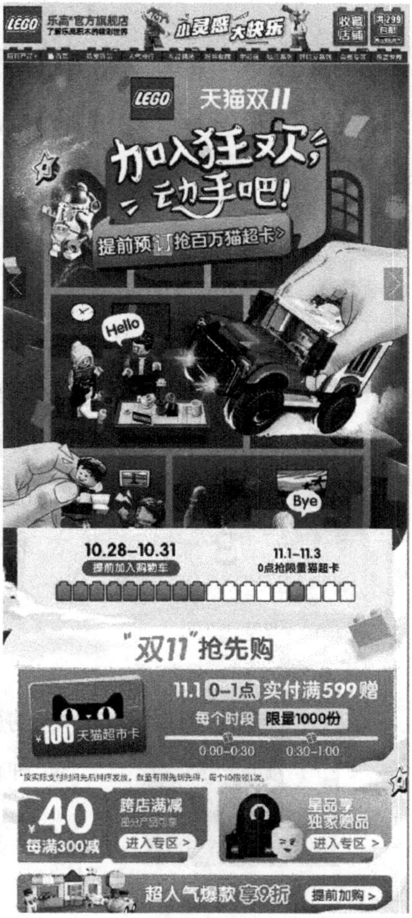

图 3-1　主次分明，中心突出

要的推荐商品。

2. 大小搭配，相互呼应

展示多张商品图片时，要互相错开，使图片之间有一定的间隔，这样可以使页面错落有致，避免重心偏离。图 3-2 所示的图片搭配就很美观。

图 3-2　大小搭配，相互呼应

图 3-3　布局匀称、美观

3. 布局匀称、美观

页面布局应做到：正文格式美观，色彩搭配和谐，具有较高的对比度，文字具有较强的可读性，背景图案生动，页面上的元素大小适中、布局匀称，不同元素之间有足够的空白，各元素之间保持平衡，文字准确无误，无错别字和拼写错误，如图 3-3 所示。

4. 文本和背景色彩均衡

考虑到大多数人使用 256 色显示模式，一个页面显示的颜色不宜过多，主题颜色通常只需要 2~3 种，并采用一种标准色。

5. 简洁与一致性

保证简洁的常用做法是使用醒目的标题，标题常常采用图形表示，图形同样要求简洁。另一种保证简洁的做法是限制所用字体和颜色的数目。

页面要保持一致性，可以从页面的排版下手，各个页面的文本、图形之间保持相同的间距，主要图形、标题、符号旁边留下相同的空白。

◆ 页面整体布局与创意分析

下面以一家卖包包的网店为例对页面整体布局与创意进行分析。

1. 店铺首页上部

图 3-4 所示的卖包包的店铺装修风格唯美精致。

首先对店铺首页的上半部分进行分析。上半部分是店铺非常重要的部分，主要有店铺导航、客服中心、本店搜索、宝贝推荐、商品分类、旺旺联系方式等模块。

图 3-4　店铺首页上部

2. 店铺首页下部

店铺首页的下半部分显示了推广的商品、宝贝排行榜、宝贝分类，标示了价格的图片排列得井然有序，让买家一目了然，有想打开一探究竟的欲望，大大提高了商品的交易量（图 3-5）。很多优秀的店铺除了左侧的店铺导航外，在店铺首页的下部还放置了店铺导航。如果买家对上面的商品不点击浏览，说明他对这几款产品和店铺的活动不感兴趣，这时候旋转导航是最好不过的了，可以有效分流。

图 3-5　店铺首页下部

制作导航时要注意：①分类要清楚明确，还要以价格进行分类，如 30 ~ 60 元、60 ~ 90 元、90 ~ 120 元、120 元以上，因为买家的消费水平不同，这样他们选择起来更明确、更方便；②和店铺主题要统一协调。

设计店铺首页的核心是：站在买家的角度，思考如何使买家对店铺的视觉观感好，在本店停留的时间长，从而喜欢上宝贝。时间越长，交易越容易成功，设计就达到效果了。

3. 翻转显示图片推荐商品

店铺的推荐商品展示采用翻转显示图片的方法，可以展示多个推荐商品，节省空间。

4. 浮动分类菜单

在上面的示例中，页面左侧有分类菜单。点击某一类文字导航，将显示出该类别下的商品分类，当不需要时也可以关闭弹出的菜单。这样浏览者一进入页面就可以找到相关的商品类别，既便于买家随时查找商品类别，又节约了空间。

任务实施

01 banner 的制作

banner，一般翻译为旗帜、横幅。banner 是网站用来赢利或者发布一些重要的信息的工具。banner 在设计上应该做到美观、方便点击、与网页协调和整体构成合理。

（1）打开 Photoshop 软件，新建一个空白文件，宽度、高度分别为 950、300 像素，如图 3-6 所示。

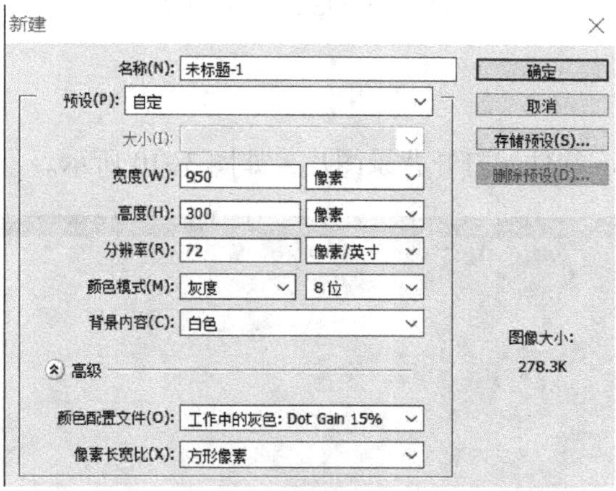

图 3-6　新建空白文件

（2）放置合适的背景，添加矢量蒙版，如图 3-7 所示。

图 3-7　添加矢量蒙版

（3）选择渐变工具，设置背景图层，前景色是白色，背景色是黑色，进行渐变调整，效果如图 3-8 所示。

图 3-8　渐变效果

（4）放置促销产品图片并添加宣传文字，完成 banner 的制作，如图 3-9 所示。

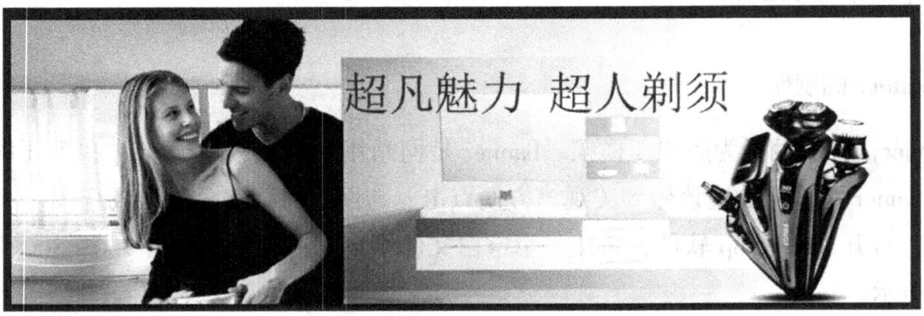

图 3-9 完成的 banner

02 店招的制作

（1）启动 Photoshop 软件，打开背景图片，如图 3-10 所示。

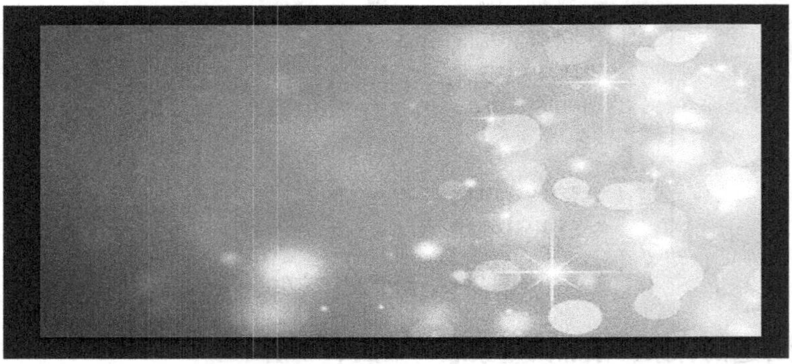

图 3-10 打开背景图片

（2）打开另一个图片文件，选择工具箱中的椭圆选框工具，选择需要的部分，如图 3-11 所示。

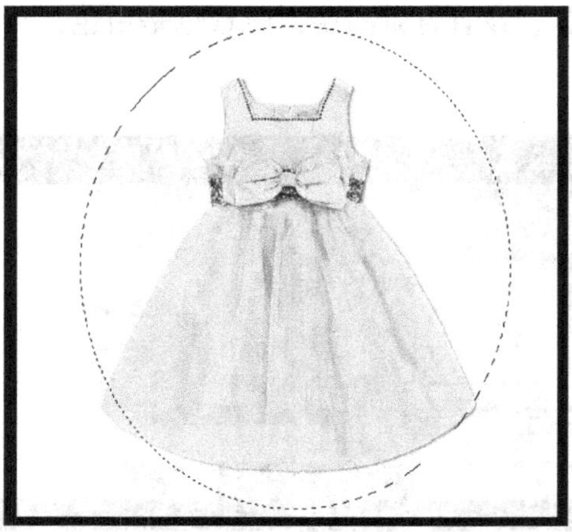

图 3-11 选择图像

（3）选择“选择”→“修改”→“羽化”命令，弹出“羽化选区”对话框，将“羽化半径”设置为 20 像素，如图 3-12 所示。

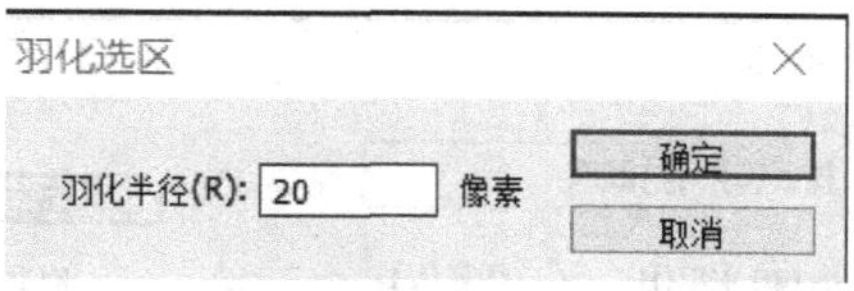

图 3-12　“羽化选区”对话框

（4）点击“确定”按钮，羽化图像，按 Ctrl+C 键复制图像，返回背景图片文件，按 Ctrl+V 键粘贴图像，如图 3-13 所示。

图 3-13　粘贴图像

（5）继续粘贴其余图像，并将其拖动到相应的位置，如图 3-14 所示。

图 3-14　粘贴图像

（6）选择工具箱中的横排文字工具，输入文字，如图 3-15 所示。

图 3-15　添加文字

（7）选择选项栏中的“创建变形”→“变形文字”命令，将“样式”设置为“波浪”，如图3-16所示。

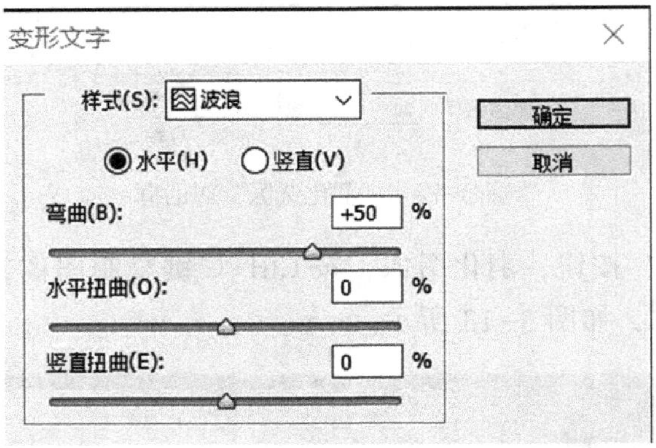

图3-16 “变形文字”对话框

（8）点击“确定”按钮，创建变形文字，完成店招的制作，如图3-17所示。

图3-17 完成的店招

03 公告的制作

（1）寻找适合店铺的图片素材，打开图片素材文件，用裁剪工具将需要的部分裁剪下来。

（2）选择菜单栏中的“图像”→“图像大小”命令，对图片的大小进行调整。

（3）选择选框工具，在背景图片上拉出一个矩形选框（这是为了以后填写文字用的），选框为虚线形式。在菜单栏中选择“修改”→“平滑”命令，将“半径”设置为8。在选框内单击鼠标右键选择“填充”，将填充的颜色设置为白色，透明度为70%。

（4）选择工具箱中的横排文字工具，在图片上输入文字“店铺公告”，然后对文字进行自由变换，如图3-18所示。

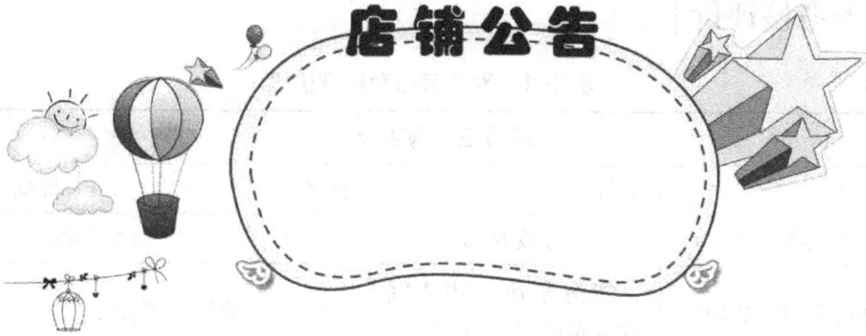
店铺公告

图 3-18　输入公告标题

（5）选择工具箱中的横排文字工具，输入公告内容，如图 3-19 所示。

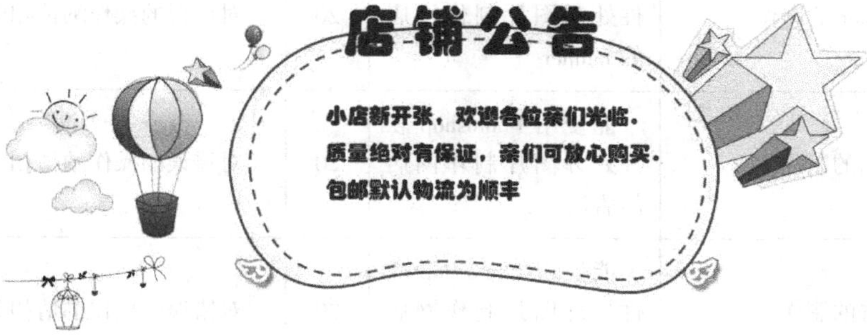
店铺公告
小店新开张，欢迎各位亲们光临。
质量绝对有保证，亲们可放心购买。
包邮默认物流为顺丰

图 3-19　输入公告内容

（6）将做好的公告存储，选择菜单栏中的“存储为”命令。注意：要存储为两种格式，一种是“. jpg”，另外一种是“. psd”。“. jpg”格式的文件可以直接使用，存储成“. psd”格式则方便以后修改。如果有新的活动，可以直接在 Photoshop 中打开“. psd”格式的文件，在相应的图层上进行修改。

（7）将上传到网络空间的公告代码复制、粘贴，店铺公告就制作完成了，进入店铺即可看到。

实战演练

每个学习小组为本小组的网店设计 banner、店招、公告等，并用设计好的图片装修店铺。

（1）进入 i 博导平台，通过“我的店铺”→“网店布局设置”进行设置。

（2）进入 i 博导平台，通过“网店管理”→“网店基本设置”进行设置。

（3）添加店铺公告。

任务考核评价

表 3-1 网店装修考核评价表

项目三 网店装修						
学员姓名		学号		班级		日期
项目	考核项目	考核要求	配分	评分标准	得分	
知识目标	店铺首页布局的内容	能清楚地描述店铺首页布局的内容	10	缺失一项扣 2 分		
	网店页面布局的原则	能清楚地描述网店页面布局的原则	10	错误一项扣 2 分		
能力目标	banner 的制作	能使用 Photoshop 软件处理图片制作网店的 banner	20	对错误的操作酌情扣分		
	店招的制作	能使用 Photoshop 软件处理图片制作网店的店招	20	对错误的操作酌情扣分		
	公告的制作	能使用 Photoshop 软件处理图片制作网店的公告	20	对错误的操作酌情扣分		
过程方法和社会能力	过程方法	（1）掌握自主发现、自主探索的学习方法； （2）学会在学习中反思、总结，调整自己的学习目标，在更高的水平上获得发展	10	能在工作中反思，有创新见解，能自主发现、自主探索，酌情得 5~10 分		
	社会能力	小组成员间团结、协作，共同完成工作任务，培养良好的职业素养（工位卫生、工服穿戴等）	10	（1）工服穿戴不全扣 3 分； （2）工位卫生情况差扣 3 分		
实训总结		完成本次工作任务的体会（学到哪些知识，掌握哪些技能，有哪些收获）：				
得分						

经验总结

擅长的方面

需要改进和加强的方面

学习任务二 免费推广与营销

02

开店容易，但是想经营好店铺，并且有源源不断的客户却不是一件容易的事。在网上开店有的店主月收入几十万元甚至上百万元，也有的店主几个月只能卖出去几件东西。店铺推广分为免费和付费两种，对刚进入电商领域的卖家来说，免费推广是最好的方式。

项目一 站外推广

任务描述

你的网店已成功开起来，而且近期下单的顾客很多，但是你明白，要想让店铺的生意更加红火，除了让消费者发现自己的店铺外，还要让消费者知道自己店铺的存在，这就需要进行站外推广。

背景知识

◆ **网店推广策略**

一、吸引买家眼球策略

互联网时代是一个信息爆炸的时代，在众多的店铺和商品信息中，吸引消费者的眼球是一个至关重要的推广策略。吸引买家眼球策略即让消费者在众多商品中发现你的商品，并被吸引进入你的店铺浏览，也就是设法在买家能够接触到信息的地方设置其感兴趣的信息。要吸引买家的眼球，一是商品本身要有竞争力，例如知名品牌的代理分销或一些有新意、特别的商品，较容易获得顾客的青睐；二是要找准尽量多的信息接触点，通过多种信息投放渠道来展示商品信息，如空间、论坛、博客、促销活动区、首页广告位、友情链接等都是有效的信息接触点。此外，站内搜索区是买家在购买商品时用得最多的工具，他们通常会通过关键字搜索商品，因而商品标题如何设置关键字组合就是重点。如下是同一商品的不同标题："珍珠项链""五钻推荐京润珍珠近圆强光白色淡水珍珠项链送妈妈婆婆送恋人"。显然，后者采用了店铺信用等级+商品品牌+商品特性+商品关键字等多种关键字组合的方式，更容易吸引消费者的眼球，也更容易被买家搜索到。

二、促成交易策略

当买家对某个商品产生兴趣时，卖家应促进其由"打算买"向"现在就买"的转化。我们在实体店里会发现，卖家的限时打折、优惠活动、买满赠送等促销手段容易激发消费者的购买欲望，使其做出购买的决定。同样地，根据消费者心理行为，网店也需要通过一些促销手段来刺激买家的消费行为。所以，促成交易策略是卖家根据消费者心理特征，结合自身店铺情况，通过设置店内促销活动来推进交易的策略。如买满赠送、限时折扣、团购优惠、套餐搭配等促销活动，就是利用了买家的消费心理，促使买家尽快做出购买的决定。

三、增大消费者黏性策略

增大消费者黏性策略指卖家在消费者购买商品后，通过客户关系管理、感情营销等方式增大消费者黏性，使之再次购买并成为老客户的策略。著名的"二八"法则（即企业80%的销售额是由20%的消费者带来的）对网店来说也是一样的。因此，在买家购买商品后，卖家要充分利用刺激其再次消费的营销手段和感情投资来增大消费者的黏性，例如赠送会员卡、积分、优惠券等，在发货时赠送小礼品、贺卡等。例如消费者购买毛衣，收到货时发现多了一条毛衣链，可以和毛衣配套，还有贺卡等，这些细节会成为买家日后再光顾的重要因素。此外，还可以通过经常性的回访表达对客户的关爱，培养买家对网店的特殊感情和忠诚度。

◆ 网店推广体系

网店推广体系应以买家的购物流程为基础，这样才能取得更好的效果。下面构建基于买家的购物流程的网店推广体系。

一、让买家发现我的店

在这个环节中，可以利用站外推广手段进行宣传，主要有博客推广、论坛推广、消费者社区推广、达人推广、微博推广、微信推广、第三方活动等。通过站外推广，可以让更多的消费者知道店铺的存在，提高店铺的曝光度。

二、让买家进入我的店

在这个环节中，可以利用站内推广手段进行宣传，主要有平台黄金广告位、平台官方活动等。当买家进入平台后，店铺需要在平台内众多经营同类商品的店铺中吸引到消费者的注意，通过平台内的推广方法可以实现这个效果。

三、让买家购买我的商品

在这个环节中，需要给买家可以信任的感觉。买家第一次光临店铺时，通常关注的是卖家的信誉、店铺的专业性、商品详细信息和评价等，因此卖家就要针对这些需求提供专业的信息，如提供清晰、主题突出并具美感的商品图片和详尽的文字说明。在取得买家的信任之后，可通过店内的促销推广手段来刺激其购买，如满就送、折扣、套餐搭配等。

四、让买家再次购买我的商品

在这个环节中，主要通过店内的推广手段让买家再次购买，如赠送再次购买优惠券、积分兑换、现金红包等。消费者为了不浪费优惠券、积分、红包等，容易做出再次购买的行为。

◆ 网店推广步骤

根据消费者的购物心理和购物过程确定网店推广步骤，如图 4-1 所示。

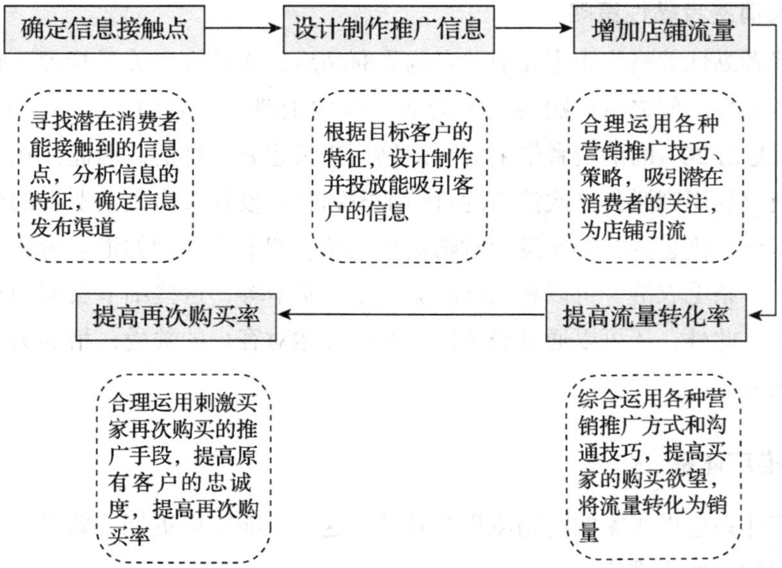

确定信息接触点
设计制作推广信息
增加店铺流量
寻找潜在消费者能接触到的信息点，分析信息的特征，确定信息发布渠道
根据目标客户的特征，设计制作并投放能吸引客户的信息
合理运用各种营销推广技巧、策略，吸引潜在消费者的关注，为店铺引流
提高再次购买率
提高流量转化率
合理运用刺激买家再次购买的推广手段，提高原有客户的忠诚度，提高再次购买率
综合运用各种营销推广方式和沟通技巧，提高买家的购买欲望，将流量转化为销量

图 4-1　网店推广步骤

以上是网店推广的策略、体系和步骤，在接下来的任务实施中通过淘宝（天猫）、微博、微信等平台进行站外推广。

任务实施

01 淘宝客推广

淘宝客推广是一种按成交额计费的推广模式，淘宝客从淘宝客推广专区获取商品代码，通过微博、聊天工具、论坛、贴吧等工具进行推广，买家通过淘宝客的推广进入店铺完成购买后，淘宝客就可得到卖家支付的佣金。

1. 淘宝客的类型

淘宝客可以分成两大类。

（1）拥有独立平台的专业淘宝客。这类淘宝客精通网站技术，通过搭建专业的平台，如淘宝客返利网站（如开心赚宝、惠集网、返利网等）、独立的博客、商品导购平台、用户分享网来吸引客户，赚取一定的佣金。

（2）自由的淘宝客。这类淘宝客没有固定的推广方式，不管是技术还是实力都不是很雄厚，主要采用论坛、博客、社交网络服务（social networking service，SNS）平台、微博、邮件、QQ 群等作为推广方式。这些推广方式很适合大众新手。

2. 店铺参加淘宝客推广的条件

（1）店铺星级在一星以上或已参加消费者保障计划；

（2）店铺非虚拟交易近半年的卖家服务评级（detail seller rating，DSR）的三项指标均不低于 4.5（开店不足半年的从开店之日起算）；

（3）店铺好评率不低于 97.5%；

（4）店铺状态是正常的；

（5）店铺内的一口价商品多于或等于 10 件（拍卖品不能参加推广）；

（6）店铺内的商品状态正常。

3. 淘宝客推广的流程

（1）点击进入“我的淘宝”→“我是卖家”→“营销中心”→“我要推广”→“淘宝客”，如图 4-2 所示。

图 4-2　淘宝客推广界面

（2）页面跳转至阿里妈妈协议页面，浏览完协议，点击“下一步”。

（3）进入支付宝代扣协议页面，阅读完协议并填入要绑定的支付宝账户及其密码，点击“下一步”。

（4）进入推广计划设置页面，如图 4-3 所示。有以下三种推广计划：通用计划，可设置 1 个，适用于全店；定向计划，可设置 9 个，适用于卖家自己举行的淘宝客推广活动，针对某个淘宝客群体发起，4 钻以上的淘宝客才能参加该计划；工具计划，可设置 1 个，针对某个推广渠道设定。

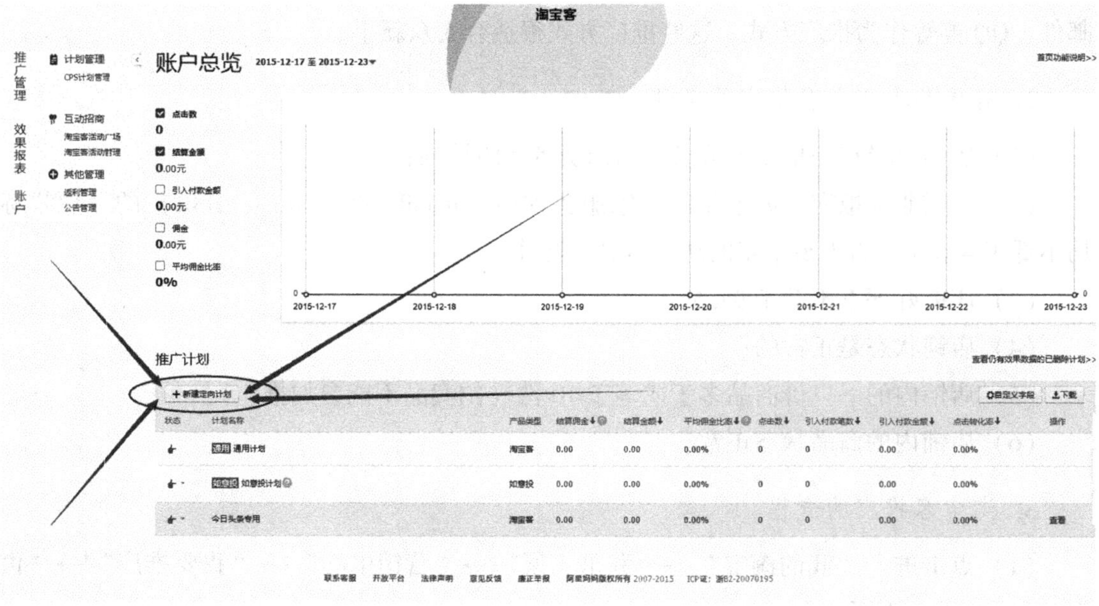

图 4-3　淘宝客推广计划设置界面

02　论坛、博客推广

论坛的参与者一般是有某些共同的兴趣和爱好的群体，了解论坛的群体是什么类型，卖家就可以确认商品是否适合在此推广，如天涯论坛、地方性论坛等。博客推广是利用博客这种网络应用形式开展网络营销。卖家可以利用博客这种网络交互平台发布并更新店铺的相关信息，密切关注并及时回复博客上消费者的相关疑问和咨询，并通过较强的博客平台帮助店铺零成本获得搜索引擎的较前排位，以达到宣传的目的，如新浪博客、网易博客、腾讯博客等。

在论坛、博客上发布的内容可以软文的形式来表达，应避免太直接地发布广告信息。因为论坛、博客是网民交流观点的场所，硬性推广信息不会受到网民的欢迎。要有针对性地在论坛、博客的板块上发布软文信息，这样会获得更好的效果。比如卖童装的店铺可以在育儿板块、亲子板块发布信息，并给予推荐或置顶。

03 微博推广

要做好微博推广，首先需要选择一个用于营销推广的 SNS 平台。国外企业选择推特（Twitter）或脸谱网（Facebook）就可以了，对国内企业来说，新浪微博、嘀咕网等都是非常流行的 SNS 平台，企业可以选择一个流量大、覆盖率高、关注量较多的平台进行推广营销。如新浪微博联合淘宝开发了微博淘宝版，双方的合作主要体现在三方面：一是账号互通和店铺官微服务，二是更好的商品分享和用户沟通体验，三是更好的商家营销和促销功能。例如，“三只松鼠”品牌在新浪微博上就有自己的官方微博，可以与购买其产品的顾客互动，也可以方便、快捷地展示网店的最新商品。“三只松鼠”新浪官方微博如图 4-4 所示。

图 4-4　“三只松鼠”新浪官方微博

其次是考虑微博推广的内容。微博的内容可归纳为两大类，即原创类和转发类。原创类内容建立在原创的基础上，以宣传店铺的商品为主，是关于商品的描述。例如，发布一条介绍“古伦”水晶盐的微博，介绍它的成分、产地、功效等，字数控制在 140 字以内。在发布时把写好的文字粘贴到文本框内，文末加上商品的网址即可。转发类内容是与所经营的商品行业有关的内容，通过其与用户进行联系和互动。通过评论+转发的形式产生新内容，不仅能丰富微博的内容，还能与参与微博评论的用户进行互动，使用户切实感受到微博运营团队的诚意与用心。

04 微信推广

当今微信使用得越来越普遍，因为其信息交流的互动性更加突出。虽然博客推广也与粉丝互动，但是其互动并不具备即时性，而微信推广就不一样了，微信具有很强的即时性，无论你在哪里，只要拥有一部安装了微信客户端的手机，就能够很轻松地同潜在客户进行很好的互动。

一般来说，卖家首先要开通微信公众号，微信公众号有订阅号和服务号两种，二者的区别在于：

（1）服务号不用认证，可免费申请自定义菜单，而订阅号需要认证；

（2）服务号每月能群发 4 条信息，而订阅号可以每天群发 1 条消息；

（3）服务号群发的消息有消息提醒，而订阅号群发的消息没有消息提醒，并且直接放入订阅号文件夹中；

（4）服务号可以申请微信支付，订阅号则不能。

卖家可以通过微信公众号的运营积累粉丝，然后策划一些活动，如转发就送××，关注就送××等。微信公众号的粉丝可以按照地区分类，这样可以有针对性地进行区域性的推广。策划活动要有目的，注重用户资料的收集，譬如关注微信公众号后回复自己的姓名和手机号码才能获得赠品等。在使用微信公众号进行推广时，不能将电子商务网站的链接（如淘宝链接）直接贴进推送内容中，但是可以引导用户用浏览器打开网址，如微信就有将链接在浏览器中打开的功能。编辑微信内容时可以做成简单的图文形式发送，需要注意的是要控制图片的大小，避免图片过大导致打开速度缓慢，否则用户体验的概率会大大降低。

实战演练

利用 i 博导平台，以博客、论坛、微博、微信等站外推广方式进行模拟实训。

1. 登录实训平台

登录 i 博导平台，在“应用”中选择“电商技能竞赛平台”。

2. 进入网店推广实训模块

在电商运营平台上点击“网店管理”中的“推广管理”。

3. 站外推广实训

进行博客、论坛、微博、微信、邮件等站外推广方式的模拟训练。

任务考核评价

表 4-1　站外推广考核评价表

<table>
<tr><th colspan="7">项目一　站外推广</th></tr>
<tr><td>学员姓名</td><td></td><td>学号</td><td></td><td>班级</td><td></td><td>日期</td></tr>
<tr><td>项目</td><td>考核项目</td><td>考核要求</td><td>配分</td><td colspan="2">评分标准</td><td>得分</td></tr>
<tr><td rowspan="2">知识目标</td><td>网店推广策略</td><td>熟悉网店推广策略</td><td>10</td><td colspan="2">错误一项扣 2 分</td><td></td></tr>
<tr><td>网店推广步骤</td><td>掌握网店推广步骤</td><td>10</td><td colspan="2">错误一项扣 2 分</td><td></td></tr>
<tr><td rowspan="4">能力目标</td><td>淘宝客推广</td><td>能使用淘宝客进行网店推广</td><td>15</td><td colspan="2">对错误的操作酌情扣分</td><td></td></tr>
<tr><td>论坛、博客推广</td><td>能使用论坛、博客进行网店推广</td><td>15</td><td colspan="2">对错误的操作酌情扣分</td><td></td></tr>
<tr><td>微博推广</td><td>能使用微博进行网店推广</td><td>15</td><td colspan="2">对错误的操作酌情扣分</td><td></td></tr>
<tr><td>微信推广</td><td>能使用微信进行网店推广</td><td>15</td><td colspan="2">对错误的操作酌情扣分</td><td></td></tr>
<tr><td rowspan="2">过程方法和社会能力</td><td>过程方法</td><td>（1）掌握自主发现、自主探索的学习方法；
（2）学会在学习中反思、总结，调整自己的学习目标，在更高的水平上获得发展</td><td>10</td><td colspan="2">能在工作中反思，有创新见解，能自主发现、自主探索，酌情得 5~10 分</td><td></td></tr>
<tr><td>社会能力</td><td>小组成员间团结、协作，共同完成工作任务，培养良好的职业素养（工位卫生、工服穿戴等）</td><td>10</td><td colspan="2">（1）工服穿戴不全扣 3 分；
（2）工位卫生情况差扣 3 分</td><td></td></tr>
<tr><td colspan="2">实训总结</td><td colspan="5">完成本次工作任务的体会（学到哪些知识，掌握哪些技能，有哪些收获）：</td></tr>
<tr><td colspan="2">得分</td><td colspan="5"></td></tr>
</table>

经验总结

擅长的方面

需要改进和加强的方面

项目二　站内推广

任务描述

你在经营店铺的过程中发现站外的营销推广活动虽然能带来一定的流量，但是没有非常明显的效果，想让消费者在平台的众多店铺中快速发现自己的店铺，进入店铺挑选商品并购买，成为店铺的回头客，还需要进行站内推广。

背景知识

◆ 平台 SEO

平台搜索引擎优化（search engine optimization，SEO）是卖家通过优化网店信息和商品信息，使得店铺的信息在平台搜索中的排名靠前，引起消费者的关注，进而带动商品销售的推广方式。平台 SEO 是网店不可或缺的流量渠道，大多数买家主要通过搜索进入店铺，而且这个流量渠道是免费的，可操作性强。那么如何进行平台 SEO 呢？

一、网店名称

网店名称应在平台、百度等上都可以被搜索到，这非常重要。有很多店主以为网店名称要简短易记，这其实是一个误区，网店名称最多可以设置 30 个字符，要充分利用这些字符。一般可以做如下处理：把网店名称写在前面，后面再加上一些关键商品分类的词，例如香港靓妞女童装独家定制品牌。卖家可以根据自己的网店进行联想，优化网店名称。

二、商品标题

商品标题用于向买家传达信息。消费者可能搜索什么关键词？商品如何才能被搜索到？这些都是卖家非常关注的问题。所以设置好商品标题就显得尤为重要，涉及的关键词越多，越容易被消费者搜索到，关键词越准确，转化率就越高。判断和选择关键词可以从以下几个方面着手。

第一，通过搜索框下拉列表来判断关键词。把消费者可能搜索的核心关键词放在搜索框中，相关的关键词就会以下拉列表的形式出现，如图 5-1 所示。通过对不同的关键词进行测试，卖家能够发现大量的关键词，然后可根据自己的商品特点进行取舍。

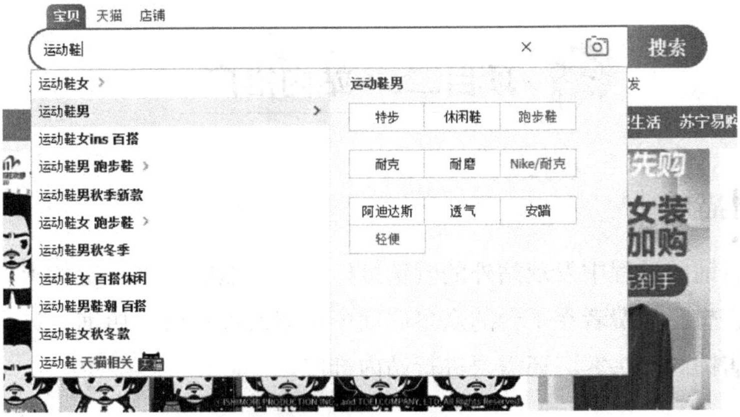

图 5-1　搜索框下拉列表

第二，通过查看“您是不是想找”里面出现的关联关键词和竞争对手的商品标题来发现关键词，如图 5-2 所示。

图 5-2　查看竞争对手的商品标题

第三，利用“生意参谋”的专业工具和“直通车后台流量解析”查找关键词，通过专业工具里面的搜索热度、点击率、转化率等数据指标来判断关键词。

商品标题的设置应遵循如下原则。

（1）充分利用 30 个字符。通过选用合适的关键词，将 30 个字符用满，每增加一个关键词都可以增大被搜索到的概率。

（2）使用长尾关键词。建议在新店开设初期选用具有一定流量的长尾关键词，从而提高热门关键词的排名。

（3）有效结合商品卖点和消费者需求。将商品卖点、消费者需求、促销词汇（如包邮、折扣等）、评价词汇（如 100% 好评）有效融合在一起，避免硬性填写关键词和填写雷同关键词。

三、商品属性

商品属性包括前台类目属性和后台属性。卖家要密切关注前台一级、二级、三级类目的变化，关注每个类目下商品的数量、排名、销量和关键词，如图 5-3 所示。后台属性要将商品信息填写完整，不要留空或者随便填写，后台属性的完整性和准确性会影响商品的搜索。

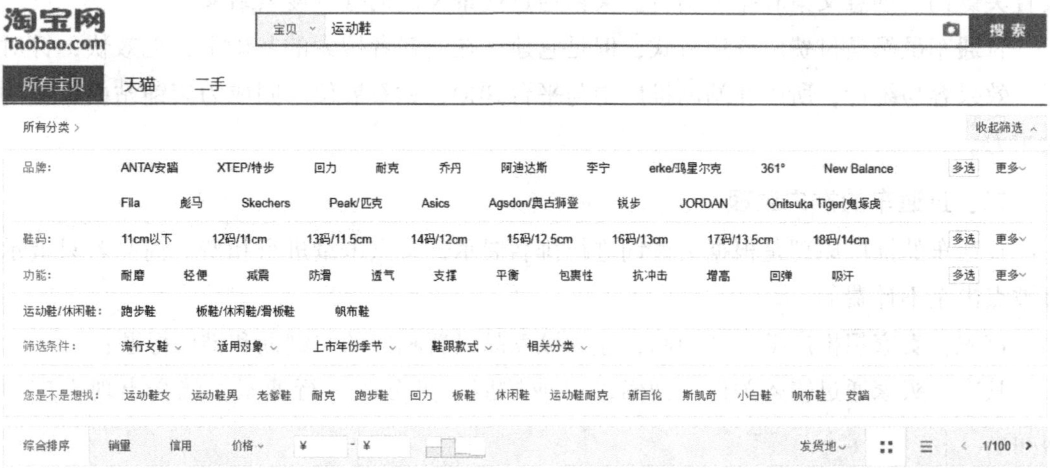

图 5-3　前台类目属性

四、商品分类

很多卖家为了美观，采用全图片的商品分类方式，没有输入精准的分类文字，这种做法是不对的。网店的商品分类一定要精心策划关键词。另外，为了更好地进行平台 SEO，需要对商品分类进行优化，一个商品可以只属于一个分类，但是当有多维度分类时，要注意把商品放到相对应的几个分类中，如图 5-4 所示。

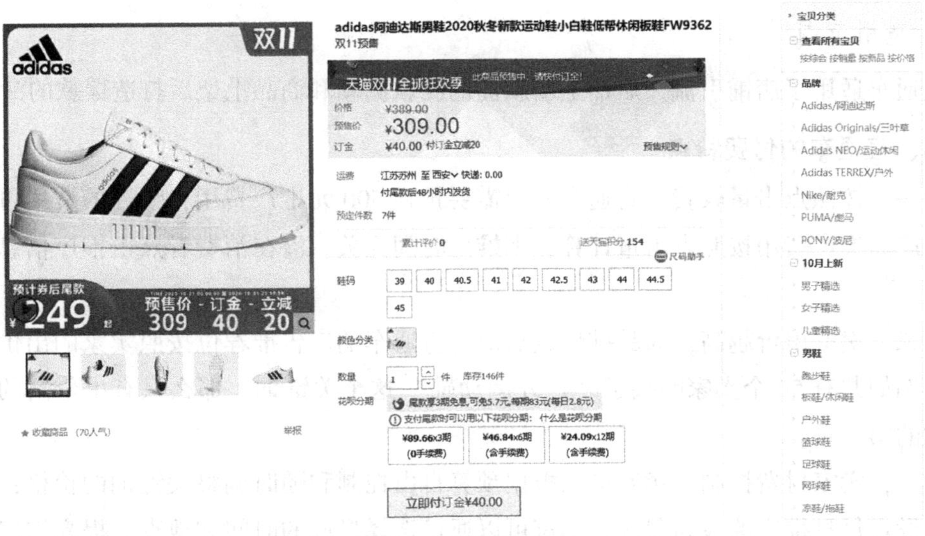

图 5-4　商品分类

◆ 直通车

一、直通车概述

直通车是淘宝网为卖家提供的推广工具，通过设置和推广宝贝相关的关键词获得流量，根据流量付费，进行商品的精准推广。它类似于百度的竞价广告，卖家在直通车后台设置关键词、创意文案和排名出价。买家通过搜索关键词查看搜索结果。

直通车虽然是付费的推广方式，但是它建立在消费者搜索的基础上，见效快，针对性强，效果容易统计，所以在站内推广中与平台 SEO、钻石展位一同成为店铺站内引流的三大主力。

二、直通车的推广原理

直通车的推广原理是根据关键词进行排名展示，按点击量进行扣费，商品若只展示没有被点击是不计费的。

首先，卖家想推广某一个商品，应为该商品设置相应的关键词和推广标题；

其次，买家通过输入关键词搜索商品或按照宝贝分类进行搜索，就会出现推广中的商品；

最后，如果买家通过直通车推广位点击店铺的商品，系统就会根据设定的关键词或类目的出价进行扣费。

三、直通车的适用性

1. 适用对象

直通车适用于3♥及以上的 C 店（淘宝店铺）和天猫店铺，特别适合急于引流又有一定推广预算的店铺。

2. 适用范围

直通车适用于店铺引流，店铺上新款前的测款测图和商品上架后打造爆款的活动。

四、直通车的付费特点

第一，按照点击量收费。直通车开户需要预存 500 元推广费用，预存的费用可用于未来的推广。推广费用按照点击量计算，和推广时间无关，潜在消费者点击推广信息后产生费用。

第二，卖家出价越高，商品排位越靠前。直通车的广告推荐位按照卖家的出价高低来排序，例如共有 50 个卖家购买了“户外运动鞋”这个关键词，那么只有出价高的才能排在搜索的第一页。

第三，卖家付费控制。卖家可以根据预算自由控制和随时调整关键词的价格；卖家可以自主设定每日推广的最高限额；卖家可以通过选择投放的时间和地点，提高推广的有效性，例如卖家是兼职经营网店，主要在晚上经营店铺，可以选择只在晚上投放直通车广告。

五、直通车的分类

直通车的推广形式可以分为商品推广、店铺推广、活动推广和定向推广。

1. 商品推广

当消费者搜索商品关键词时，卖家在直通车推广的商品就会展示出来。一个关键词搜索页面的直通车推荐位共有 13 个，分别是页面右侧的 8 个推荐位和页面下方的 5 个推荐位，如图 5-5 所示。排在第 1 位和第 2 位的商品关注度最高，关键词搜索页面第 2 页的最佳位置是第 14 位和第 15 位。

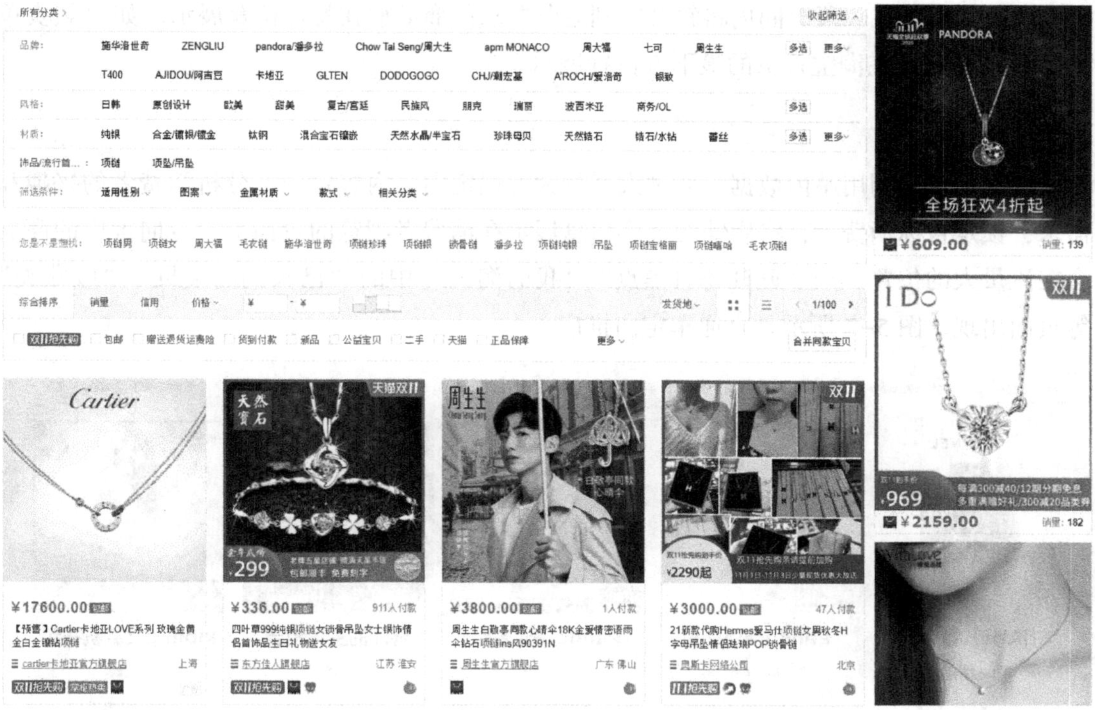

图 5-5　直通车商品推广

2. 店铺推广

店铺推广是卖家对店铺首页、导航页、商品分类等进行推广，主要是为了进行品牌推广。展示位置在搜索结果右下侧的“店家精选”区域、热卖页面右下侧的“店家精选”区域、一淘热卖搜索结果左下侧的“店家精选”区域。图 5-6 所示是直通车店铺推广。

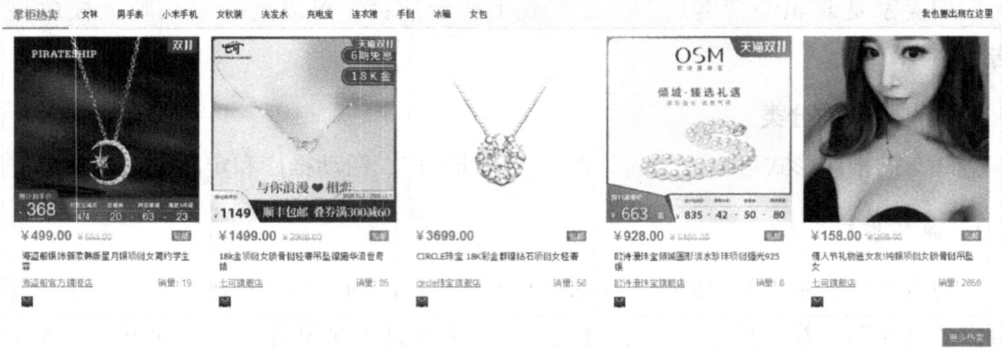

图 5-6 直通车店铺推广

3. 活动推广

活动推广是在一段时间内将符合特别运营要求的商品放在特定位置展示。如“热卖单品”活动，直接在淘宝首页的最下方位置展示。

4. 定向推广

定向推广是利用站内数据，通过人群行为习惯定向、内容定向，分析消费者的兴趣和需求，锁定目标消费者，将店铺的推广信息展示在消费者浏览的页面上。定向推广的商品会在流量大的位置，如“旺旺每日焦点”“我的淘宝”中的“已买到的宝贝”“收藏夹”等页面出现。图 5-7 所示是直通车定向推广。

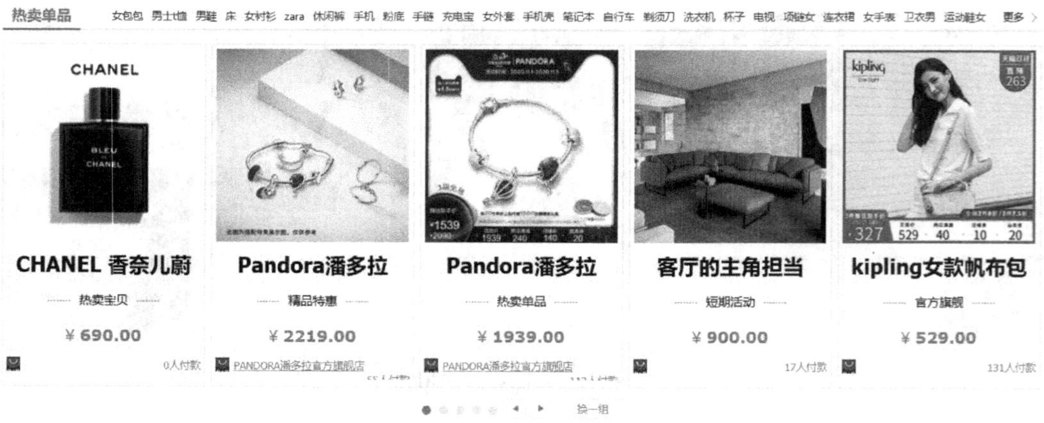

图 5-7 直通车定向推广

任务实施

01 SEO 设置

在图 5-8 所示页面左侧的导航栏中点击“SEO 设置”，进入 SEO 设置页面，如图 5-9 所示。

图 5-8　基本设置页面

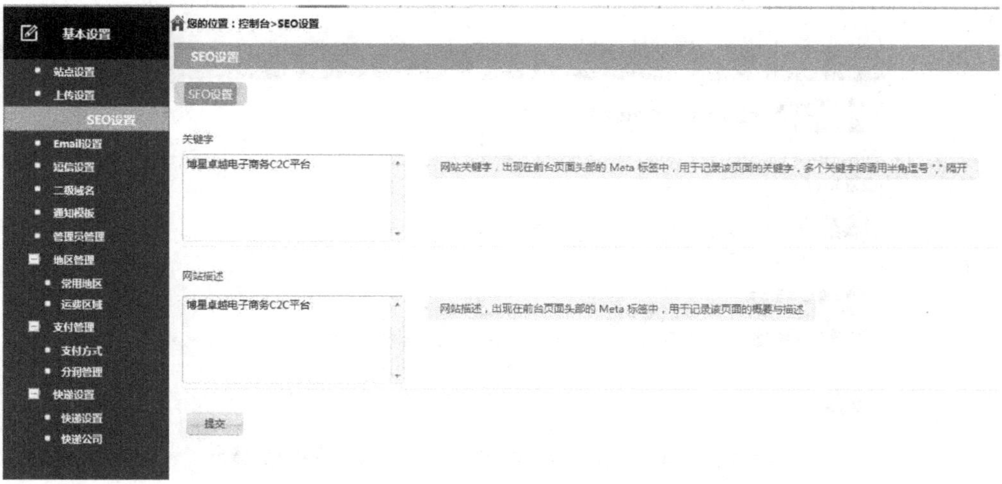

图 5-9　SEO 设置页面

在 SEO 设置页面中设置关键字和网站描述，其中网站关键字出现在前台页面头部的 Meta 标签中，用于记录该页面的关键字，多个关键字间请用半角逗号“，”隔开；网站描述出现在前台页面头部的 Meta 标签中，用于记录该页面的概要与描述。

02 直通车设置

在图 5-10 所示页面左侧的导航栏中点击“竞价直通车”，进入直通车设置页面，如图 5-11 所示。

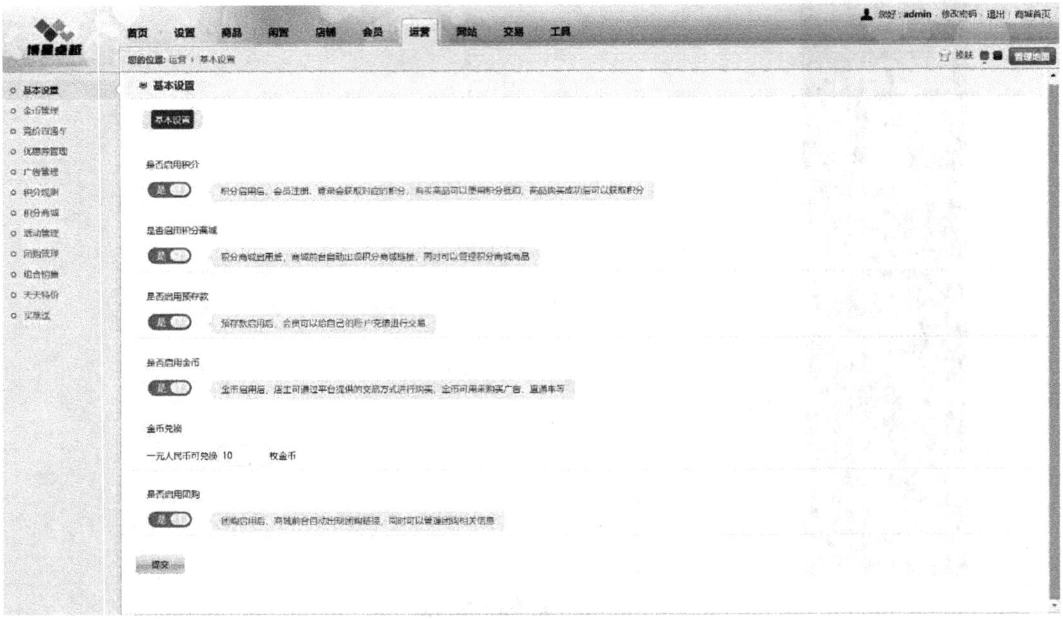

图 5-10　基本设置页面

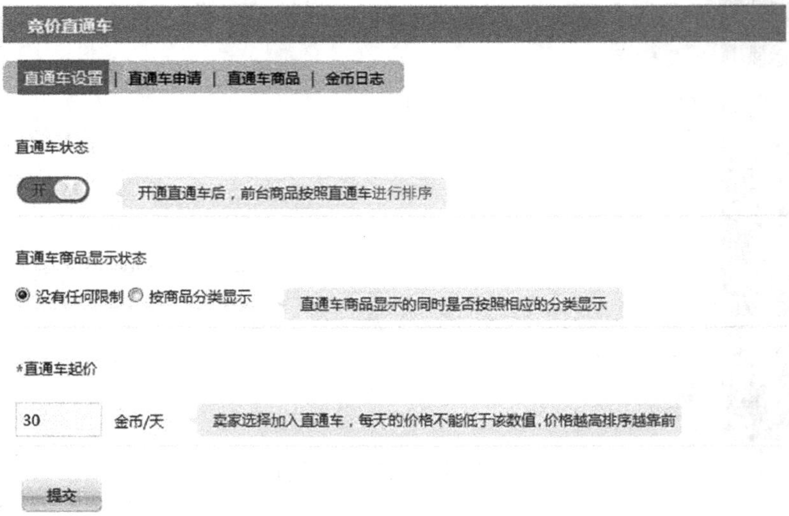

图 5-11　直通车设置页面

在直通车设置页面中设置开通直通车，选择直通车商品显示状态，输入直通车起价后，点击“提交”按钮，进入直通车设置成功页面，如图 5-12 所示。

图 5-12　直通车设置成功页面

03 直通车申请

点击“直通车申请”标签，进入直通车申请页面，如图 5-13 所示。

图 5-13　直通车申请页面

1. 直通车审核

点击某一行直通车申请“操作”栏中的“编辑”按钮，进入直通车审核页面，如图 5-14 所示。

图 5-14　直通车审核页面

在直通车审核页面中选择审核结果，输入审核意见后点击“提交”按钮，显示直通车审核成功。

2. 查看直通车申请

在直通车申请页面中点击某一行直通车申请“操作”栏中的“查看”按钮，进入直通车详情页面，如图 5-15 所示。

图 5-15　直通车详情页面

在直通车详情页面中可以查看直通车商品、直通车店铺、直通车会员、直通车价格、消耗金币、开始日期、审核结果和审核意见。

04 直通车商品

在直通车设置页面中点击“直通车商品”标签，进入直通车商品页面，如图 5-16 所示。在直通车商品页面中可以看到审核通过的直通车商品信息，包括商品名称、会员名称、剩余金币、直通车价格、开始时间和直通车浏览次数。

直通车商品页面支持按照商品名称、会员名称、店铺名称进行搜索。

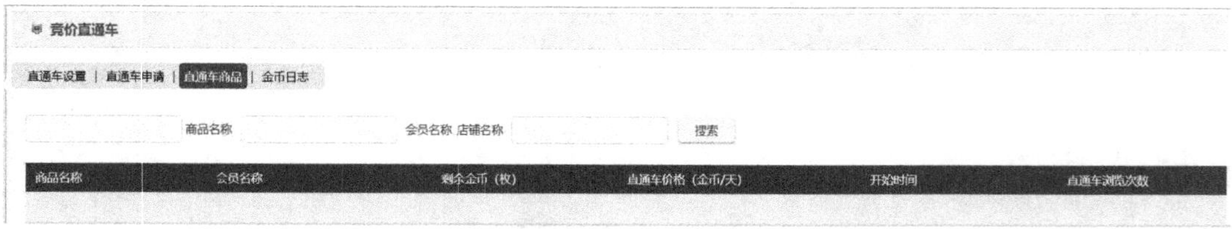

图 5-16　直通车商品页面

05 金币日志

在直通车设置页面中点击“金币日志”标签，进入金币日志页面，如图 5-17 所示。在金币日志页面中可以看到金币减少的详细记录，包括商品名称、店铺名称、会员名称、金币数量、提交时间、类型和描述。

金币日志页面支持按照商品名称、店铺名称、提交时间进行搜索。

商品名称	店铺名称	会员名称	金币数量	提交时间	类型	描述
超级优惠打折扣 飞利浦迷你音响	平台自营店	shopping	300	2016-05-16	减少	直通车消耗金币
Intel主板芯片 四核酷睿3代	平台自营店	shopping	300	2016-05-16	减少	直通车消耗金币
超级优惠打折扣 飞利浦迷你音响	平台自营店	shopping	300	2016-04-05	减少	直通车消耗金币
Intel主板芯片 四核酷睿3代	平台自营店	shopping	300	2016-04-05	减少	直通车消耗金币
Intel主板芯片 四核酷睿3代	平台自营店	shopping	300	2016-04-02	减少	直通车消耗金币
超级优惠打折扣 飞利浦迷你音响	平台自营店	shopping	300	2016-04-02	减少	直通车消耗金币
超级优惠打折扣 飞利浦迷你音响	平台自营店	shopping	300	2016-03-11	减少	直通车消耗金币
Intel主板芯片 四核酷睿3代	平台自营店	shopping	300	2016-03-11	减少	直通车消耗金币
超级优惠打折扣 飞利浦迷你音响	平台自营店	shopping	300	2016-03-09	减少	直通车消耗金币

图 5-17　金币日志页面

实战演练

一、商品直通车推广模拟实训

利用 i 博导平台进行商品直通车推广的模拟实训。

（1）登录 i 博导平台，在“应用”中选择“电商运营平台”。

（2）在电商运营平台上点击“推广管理”中的“直通车”按钮。

（3）在界面上设置直通车推广。

二、商品关键词优化模拟实训

利用 i 博导平台进行商品关键词优化的模拟实训。

（1）登录 i 博导平台，在“应用”中选择“电商运营平台”。

（2）在电商运营平台上点击“推广管理”中的“关键词优化”按钮。

（3）在界面上选择优化关键词。

任务考核评价

表 5-1 站内推广考核评价表

<table>
<tr><th colspan="6">项目二 站内推广</th></tr>
<tr><td>学员姓名</td><td></td><td>学号</td><td></td><td>班级</td><td></td><td>日期</td><td></td></tr>
<tr><td>项目</td><td>考核项目</td><td>考核要求</td><td>配分</td><td>评分标准</td><td>得分</td></tr>
<tr><td rowspan="2">知识目标</td><td>平台 SEO</td><td>理解平台 SEO 的特点</td><td>10</td><td>错误一项扣 2 分</td><td></td></tr>
<tr><td>直通车</td><td>掌握直通车的特点</td><td>10</td><td>错误一项扣 2 分</td><td></td></tr>
<tr><td rowspan="2">能力目标</td><td>SEO 设置</td><td>熟练使用 SEO 设置网店商品</td><td>20</td><td>对错误的操作酌情扣分</td><td></td></tr>
<tr><td>直通车设置</td><td>能使用直通车进行网店站内推广</td><td>40</td><td>对错误的操作酌情扣分</td><td></td></tr>
<tr><td rowspan="2">过程方法和社会能力</td><td>过程方法</td><td>（1）掌握自主发现、自主探索的学习方法；
（2）学会在学习中反思、总结，调整自己的学习目标，在更高的水平上获得发展</td><td>10</td><td>能在工作中反思，有创新见解，能自主发现、自主探索，酌情得 5~10 分</td><td></td></tr>
<tr><td>社会能力</td><td>小组成员间团结、协作，共同完成工作任务，培养良好的职业素养（工位卫生、工服穿戴等）</td><td>10</td><td>（1）工服穿戴不全扣 3 分；
（2）工位卫生情况差扣 3 分</td><td></td></tr>
<tr><td colspan="2">实训总结</td><td colspan="4">完成本次工作任务的体会（学到哪些知识，掌握哪些技能，有哪些收获）：</td></tr>
<tr><td colspan="2">得分</td><td colspan="4"></td></tr>
</table>

经验总结

擅长的方面

需要改进和加强的方面

学习任务三
客户服务

03

一个客服的服务状况折射出一个团队的服务水准，而一个团队的服务水准直接反映一家公司对客户服务的重视程度。进入21世纪，综观全球500强企业，我们会发现它们有一个共同的特点，即把客户的需求摆在第一位。因此，必须学习如何进行客户服务。

项目一　客服谈判与沟通技巧

任务描述

通过店内的促销推广，你的网店受到更多人的关注。你在与有经验的店主交流中得知，当店铺有了人气后，要做的就是把这些流量转化成购买力，这时客服工作就尤为重要。那么你就要好好学习下如何与客户进行谈判和沟通了。

背景知识

◆ **寻找和甄别客户**

一、客户消费心理分析

客户进入网店以后，除了获得具体商品的需求以外，还有其他一些常被忽视的需求，持续增长的数据显示出网络购物这一消费模式的庞大市场潜力。网络消费群体与传统市场消费群体截然不同，必须对消费者的网络购物行为进行心理分析，才能更好地经营管理。网络购物者的消费心理如下。

1. 追求价格低廉的消费心理

价格是消费者购物时考虑的重要因素。网络购物具有生命力的重要因素就是价格普遍低廉。

2. 图便捷的消费心理

网络购物具有得天独厚的便捷性，网络商城每时每刻都在为客户提供咨询、购物、配送等服务，为客户提供购物时间与地点的便利、获取信息的便利和支付货款的便利。

3. 躲避干扰的消费心理

现代消费者更加注重精神的愉悦、个性的实现、情感的满足等高层次的需要，希望在购物中能随便看、随便选，保持轻松、自由的心状态，自尊心得到最大限度的满足。

4. 追求时尚的消费心理

网络购物是一种新的购物方式，追求时髦和新奇生活方式的消费者就会尝试这种购物方式。

买家的以上四种消费心理会带来五种常见的担心心理，分别是：卖家信用是否可靠；价格低是不是产品有问题；同类商品那么多，到底该选哪一个；交易是否安全；收不到货，货物损坏，想退货怎么办？

二、客户类型分析和相应的对策

网络购物客户按照不同的标准可划分为不同的类型。对不同类型的客户采用的服务策略是不同的，具体分类和应对策略如下。

1. 按客户的性格特征分类和应采取的对策

（1）友善型。特征：性格随和，对自己以外的人和事没有过高的要求，具有理解、宽容、真诚、信任等美德。这一类客户通常是忠诚的客户。策略：提供最好的服务，不因为对方的宽容和理解而降低对自己的要求。

（2）独断型。特征：异常自信，有很强的决断力，感情强烈，不善于理解别人；对自己的付出一定要求回报；不能容忍被欺骗、被怀疑、被怠慢、不被尊重等行为；自己的想法和要求一定要被认可，不容易接受意见和建议。这一类客户通常是投诉较多的客户。策略：小心应对，尽可能满足其要求，让其有被尊重的感觉。

（3）分析型。特征：情感细腻，容易被伤害，有很强的逻辑思维能力；懂道理，也讲道理，对公正的处理和合理的解释可以接受，但不愿意接受任何不公正的待遇，善于运用法律手段保护自己，但从不轻易威胁对方。策略：真诚对待，做出合理的解释，争取对方的理解。

（4）自我型。特征：以自我为中心，缺乏同情心，从不习惯站在他人的立场上考虑问题，绝对不能容忍自己的利益受到任何损害，有较强的报复心理，性格敏感多疑，时常“以小人之心度君子之腹”。策略：学会控制自己的情绪，以礼相待，对自己的过失真诚道歉。

2. 按客户的购买行为分类和应采取的对策

（1）交际型。有的客户很喜欢聊天，先和卖家聊了很久，聊得愉快了就到店里购买东西，成交后也成了朋友，至少很熟悉了。对这种类型的客户，要热情如火，并把工作的重点放在这种客户上。

（2）购买型。有的客户直接拍下商品并很快付款，收到东西后也不联系，直接给好评，对卖家的热情很冷淡。对这种类型的客户，不要浪费太多的精力，如果执着地和他（她）保持联系，他（她）可能会认为是一种骚扰。

（3）礼貌型。买卖双方因为一件商品而有了联系，如果卖家热情如火，在聊天过程中运用恰当的技巧，客户会到店里再购买一些商品。若卖家售后服务做得好，客户或许因为不好意思，还会到店里来购物。对这类客户，要尽量热情，能多热情就多热情。

（4）讲价型。这类客户一而再，再而三地讲价，永不知足。对这种客户，要咬紧牙关，坚持始终如一，保持良好的态度。

（5）拍下不买型。对这种类型的客户，可以投诉、警告，也可以当什么都没发生。

3. 按客户的常规类型分类和应采取的对策

（1）初次上网购物者。这类购物者在试着领会电子商务的概念，他们的体验可能从在网上购买小宗安全种类的商品开始。这类购物者要求界面和过程简单。产品照片对说服这类购物者完成交易有很大的帮助。

（2）勉强购物者。这类购物者对安全和隐私问题感到紧张，因为有恐惧感，他们开始只想通过网站做购物研究，而非购买。对这类购物者，只有明确说明安全和隐私保护政策，才能够使其消除疑虑，轻松面对网上购物。

（3）便宜货购物者。这类购物者广泛使用比较购物工具，没有品牌忠诚度，只追求价格最低。廉价出售的商品对这类购物者最具吸引力。

（4）“手术”购物者。这类购物者在上网前已经很清楚自己需要什么，并且只购买他们想要的东西。他们的特点是知道自己做购买决定的标准，然后寻找符合这些标准的信息，当他们很自信地找到了合适的产品时就会购买。快速告知其他购物者的体验和有丰富知识的客服提供实时客户服务会吸引这类购物者。

（5）狂热购物者。这类购物者把购物当作一种消遣，他们购物频率高，最富于冒险精神。对这类购物者，迎合其好玩的性格十分重要。应多为他们提供观看产品的工具、个性化的产品建议和电子公告板、客户意见反馈页之类的社区服务。

（6）动力购物者。这类购物者因需求而购物，而不是把购物当作消遣，他们有自己的一套高超的购物策略来找到所需要的商品，不愿意把时间浪费在东走西逛上。优秀的导航工具和丰富的产品信息能够吸引此类购物者。

◆ 与客户谈判和沟通的技巧

一、与客户沟通的六大原则

在网店经营中，卖家与客户虽然不会直接面对面，但是在与客户打交道的时候必须更加注意技巧，否则客户流失的速度会比实体店快得多，因为客户会马上关掉页面，离开你的网店。在网店经营中，与客户沟通时要遵循如下六大原则。

1. 预先考虑客户的需求

虽然每位客户的需求都不一样，但作为客户有共同的购物心理，有规律可循。在网店经营中，应从商品图片的拍摄、商品说明和信息回馈等各方面为客户考虑周详。必须保证快速回复客户提出的问题，这就要求卖家经常到网店来维护，如果实在有事不方便上网，应该留下别的联系方式和相关说明，以免让客户受到冷落。

为客户服务不仅要为客户解决问题，而且要带给客户愉快的心情，使整个购买过程变成一个享受快乐的过程。

2. 要接受客户的差评

网店经营最具特色的一个环节就是交易完成之后，客户可以为卖家评分。如果客户感觉卖家的服务不好或者沟通不顺畅，就会给卖家差评，卖家店铺的总积分就会被扣除。卖家都很注重自己店铺的积分，因为积分高了店铺的等级才能上升，才能吸引更多的客户。一旦得了差评，首先要客观回应客户的批评，如果确实是自己做得不够好，一定要虚心接受，改正自己服务中的不妥之处，只有这样网店的服务才会更好。

3. 多为客户着想

现在是一个快节奏、高效率的时代，时间很宝贵。因此在为客户服务的时候，首先要考虑如何节约客户的时间，为客户提供便利、快捷的服务。要设身处地为客户着想，以客户的观点来看待商品的陈列、采购、分类，贴心的服务才会让客户感觉到方便和满意。

许多卖家在提供服务的时候并不了解客户的需要和期望，不了解客户迫切需要的是什么样的服务，所以结果往往不理想。

4. 要满足客户的期望和需求

客户购买了商品后，其购物需求得到了满足。如果客户在购买过程中遇到了其他问题，卖家能提供额外的服务，客户的心理感受就会更好。这种免费的服务不但能增进卖家和客户之间的关系，更是一种树立网店和品牌形象的良好方式，这对不能提供实体店面直接服务的网上店面来说显得尤为重要。

5. 要满足客户的尊荣感和自我价值感

要使客户满意，不能仅仅被动式地解决客户的问题，更要对客户的需要、期望和态度有充分的了解，把对客户的关怀纳入自己的工作和生活，发挥主动性，提供量身定做的服务，真正满足客户的尊荣感和自我价值感，不仅要让客户满意，还要让客户超乎预期地满意。

6. 尊重客户

得到别人的尊重在人的需求中处于较高的层次，客户的购买过程是一个在消费过程中寻求尊重的过程。客户参与网上购物活动的程度和积极性在很大程度上取决于卖家对客户的尊重程度。卖家的一切销售活动都应体现其对客户有形的或无形的尊重。只有出于对客户的信任和尊重，永远真诚地视客户为朋友，给客户以“可靠的关怀”和“贴心的帮助”，才是面对客户的唯一正确的心态，才能赢得客户。

二、沟通的技巧

与客户良好沟通是网上店铺成功的关键因素之一，沟通一定要做到及时、真诚、完善，沟通时要把握客户的心态，所以沟通是需要一定的技巧的。

1. 发布产品的技巧

在网上展示的主要是产品图片，这是网店的瓶颈。如果商家在发布产品图片的时候能把产品的性能、规格、质量、组成部分、配件材料等分项列出进行详细的介绍，让买家看后一目了然，做到有条不紊，就能让买家更加认可其产品，如图 6-1 和图 6-2 所示。

图 6-1　商品信息 1

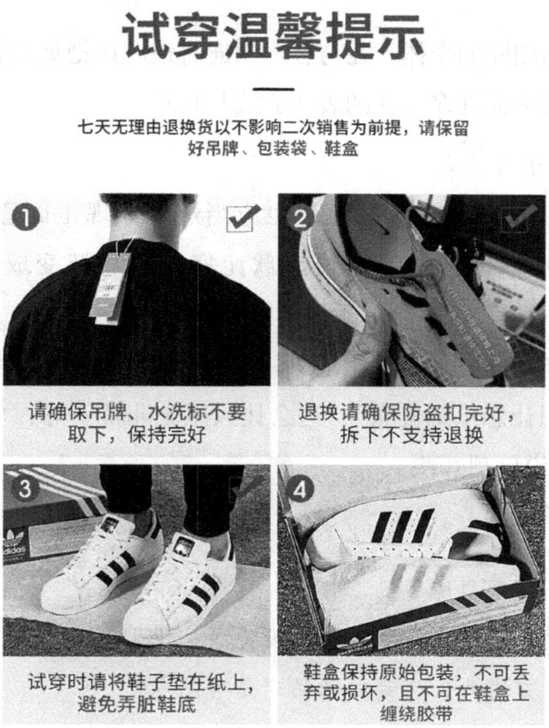
试穿温馨提示
七天无理由退换货以不影响二次销售为前提，请保留好吊牌、包装袋、鞋盒
请确保吊牌、水洗标不要取下，保持完好
退换请确保防盗扣完好，拆下不支持退换
试穿时请将鞋子垫在纸上，避免弄脏鞋底
鞋盒保持原始包装，不可丢弃或损坏，且不可在鞋盒上缠绕胶带

图 6-2　商品信息 2

2. 报价技巧

报价的时候最好采用报价表的形式，关键是要对行业的价格进行分析与对比，对比的项目有价格、性能、配件的材料、使用年限、售后服务、品牌优势、特别支持等具体事项，这样客户就能一目了然地了解产品的信息，从而留下深刻的印象，这是网店的一种无形沟通，如图 6-3 所示。

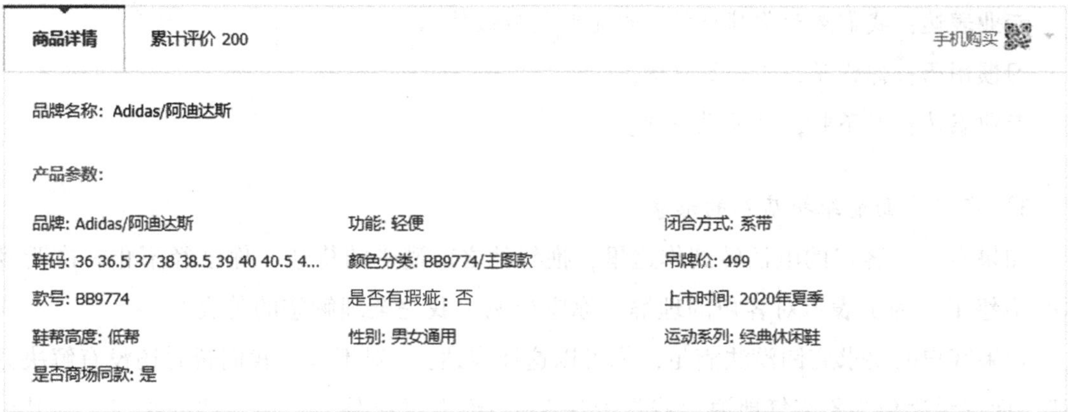
商品详情　累计评价 200　手机购买

品牌名称：Adidas/阿迪达斯

产品参数：

品牌：Adidas/阿迪达斯	功能：轻便	闭合方式：系带
鞋码：36 36.5 37 38 38.5 39 40 40.5 4...	颜色分类：BB9774/主图款	吊牌价：499
款号：BB9774	是否有瑕疵：否	上市时间：2020年夏季
鞋帮高度：低帮	性别：男女通用	运动系列：经典休闲鞋
是否商场同款：是		

图 6-3　商品信息 3

3. 语言技巧

客服面对的是各不相同的个体，在与客户沟通时最应该把握的是人情因素，既要有个性化的表达沟通，也要掌握许多共性的表达方式与技巧。

1）选择积极的用语与方式

在保持积极的态度的同时，沟通用语也应当选择体现正面意思的词。比如要感谢客户在电话中等候，应该把常说的“很抱歉让您久等”转变成“非常感谢您的耐心等待”。

如果一个客户就产品的一个问题几次求助于你，你想表达真正为客户解决问题的期望，就不要说“我不想让您重蹈覆辙”，这会让人感觉非常不好，可换成“我这次有信心解决这个问题”，这样说更顺耳些。

下面再举一些例子供参考。

习惯用语：那个产品都卖完了。

专业表达：由于需求量很大，我们暂时没货了。

习惯用语：你怎么觉得我们店铺的产品老是有问题？

专业表达：看上去这些问题很相似。

2）善用“我”代替“你”

在沟通中尽量用“我”代替“你”，“你”常会使人感到有根手指指向自己。

习惯用语：你的名字叫什么？

专业表达：请问，我可以知道你的名字吗？

习惯用语：你必须……

专业表达：我们要为你那样做，这是我们应做的。

习惯用语：你错了，不是那样的。

专业表达：对不起，我没说清楚。

3）在客户面前维护店铺的形象

如果有一个客户的电话转到你这里，抱怨他之前遭受的待遇，你已经不止一次听到这类抱怨了，为了表示对客户的理解，你应当说“我完全理解您的苦衷”。

如果客户的要求店铺没法满足，你可以这样表达：“对不起，我们暂时还没有解决方案”，而尽量避免很不客气地说“我没办法”。当你有可能替客户想一些办法时，与其说“我试试看吧”，不如更积极一点地说“我一定尽力而为”。

如果有客户要求打折、减价，你可以说“如果您买 10 台，我就能帮您”，而避免说“我不能，除非……”。如果客户的要求是店铺政策不允许的，与其直说“这是店铺的政策”，不如说“根据多数人的情况，我们店铺目前是这样规定的”。如果客户找错了人，不要说“对不起，这事我不管”，应换一种方式，“这事有专人负责，我帮您转过去”。

另外，不要把方言中的表达应用在普通话中。比如“一塌糊涂”“不会啦”等带有方言味道的表达，不应用到普通话的规范表达中。

语言表达技巧也是一门大学问，虽然现在提倡个性化服务，但如果我们能提供具有专业水准的个性化服务，相信更会增进与客户的沟通，不要认为只有口头语才能让人感到亲切。熟练掌握和娴熟运用表达技巧，可以在整个与客户沟通的过程中展现出最佳的形象，并让客户获得最佳的体验。

◆ 常用的沟通工具——阿里旺旺

阿里旺旺是淘宝开发的一种即时沟通工具，它集成了即时文字、语音、视频沟通和交易提醒、快捷通道、最新商讯等功能。阿里旺旺提供了四种沟通方式，能增加信任，促进交易。

第一，发送即时消息，能立刻与对方沟通，了解买卖交易的细节。

第二，语音聊天。想和对方自由交谈，只需拥有一个麦克风。

第三，视频聊天。耳听为虚，眼见为实，通过视频聊天，能亲眼看到要买的宝贝，安安心心地买到心仪的宝贝。

第四，发送离线消息。用户即使不在线，也不会错过任何消息，一上线就能收到离线消息，确保“有问有答”。

任务实施

01 设置阿里旺旺

（1）打开“我的淘宝”页面，在右侧点击“阿里旺旺”。

（2）创建联系人列表多级分组，管理好买卖、朋友、亲人、同事和同学。如图 6-4 所示，创建“同学”分组。

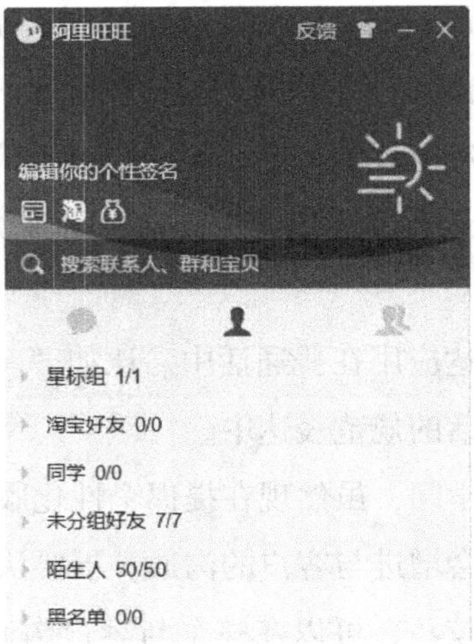

图 6-4　创建“同学”分组

（3）运用搜索功能搜索联系人和各大网站。

（4）应用群发功能，可以同时给选中的多个好友传送文件，在按住 Ctrl 键的同时可用鼠标左键选定多个对象。

（5）在阿里旺旺的下侧选中要查看的内容，单击鼠标左键，可以查看阿里旺旺的各项功能，如图 6-5 所示。

（6）添加好友，如图 6-6 所示。

（7）查看历史聊天记录。

图 6-5　阿里旺旺的各项功能

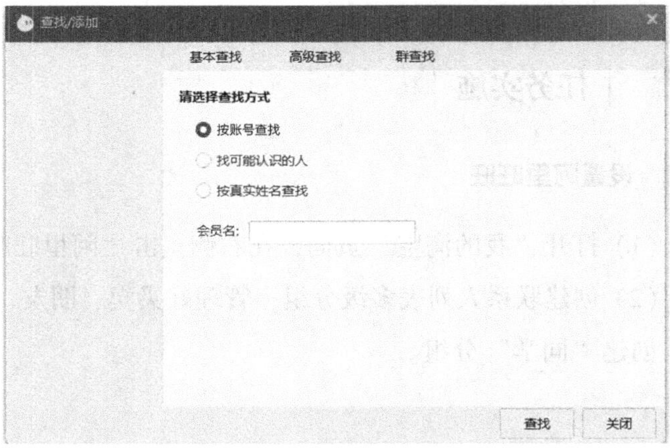

图 6-6　添加好友界面

02 与顾客沟通

- 顾客留言询问

- 客服回复

- 顾客留言询问

- 客服回复

- 顾客留言询问

- 客服回复

实战演练

分小组模拟演练客服使用软件与客户沟通，并记录好工作内容，填入任务实施 02 中。

任务考核评价

表 6-1　客服谈判与沟通技巧考核评价表

<table>
<tr><th colspan="6">项目一　客服谈判与沟通技巧</th></tr>
<tr><td>学员姓名</td><td></td><td>学号</td><td></td><td>班级</td><td>日期</td></tr>
<tr><td>项目</td><td>考核项目</td><td>考核要求</td><td>配分</td><td>评分标准</td><td>得分</td></tr>
<tr><td rowspan="2">知识目标</td><td>客户服务</td><td>了解客户服务的相关概念</td><td>15</td><td>错误一项扣 2 分</td><td></td></tr>
<tr><td>客户分类和相应的对策</td><td>了解客户分类和相应的对策的相关内容</td><td>15</td><td>错误一项扣 2 分</td><td></td></tr>
<tr><td rowspan="2">能力目标</td><td>设置阿里旺旺</td><td>能使用阿里旺旺与客户进行沟通</td><td>15</td><td>对错误的操作酌情扣分</td><td></td></tr>
<tr><td>与顾客沟通</td><td>能很好地使用谈判的技巧与客户进行沟通</td><td>35</td><td>对错误的操作酌情扣分</td><td></td></tr>
<tr><td rowspan="2">过程方法和社会能力</td><td>过程方法</td><td>（1）掌握自主发现、自主探索的学习方法；
（2）学会在学习中反思、总结，调整自己的学习目标，在更高的水平上获得发展</td><td>10</td><td>能在工作中反思，有创新见解，能自主发现、自主探索，酌情得 5~10 分</td><td></td></tr>
<tr><td>社会能力</td><td>小组成员间团结、协作，共同完成工作任务，培养良好的职业素养（工位卫生、工服穿戴等）</td><td>10</td><td>（1）工服穿戴不全扣 3 分；
（2）工位卫生情况差扣 3 分</td><td></td></tr>
<tr><td colspan="2">实训总结</td><td colspan="4">完成本次工作任务的体会（学到哪些知识，掌握哪些技能，有哪些收获）：</td></tr>
<tr><td colspan="2">得分</td><td colspan="4"></td></tr>
</table>

经验总结

擅长的方面

需要改进和加强的方面

项目二　售前、售中、售后客户服务

任务描述

经过客服谈判与沟通技巧的学习和应用后，你明白要想提高网店的转化率，必须要明确自己的客户定位，找到自己的客户，把握客户的心理，与客户进行有针对性的沟通。接下来学习售前、售中、售后客户服务工作的内容和技巧。

背景知识

◆ 售前、售中、售后客服工作的概念、职责和所需的技能

对商家而言，无论是线上生意还是线下生意，店铺客服都是至关重要的一环，在整个交易中起到“关键一跳”的作用。优秀的店铺客服工作不仅能促成购买，提高店铺转化率，还可以引导买家消费，提升客单率，提升客户回头率，塑造品牌形象。按照工作流程，客服分成售前、售中、售后客服，如图 7-1 所示。

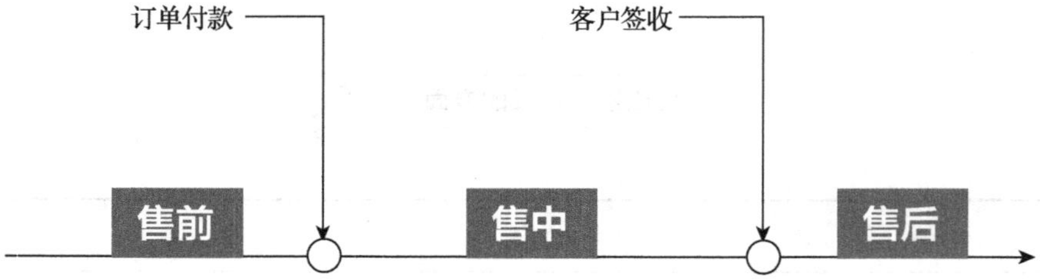

图 7-1　售前、售中、售后客服

一、概念

1. 售前客服

售前客服是在客户确定购买何种产品前的工作，目的是刺激客户的购买欲望。前期与客户沟通，了解客户的需求，比如客户需要购买什么东西，用途是什么，喜欢什么类型的，然后根据了解到的情况制定销售策略。在淘宝平台上，售前客服主要涉及回答问题、引导客户、推荐产品等工作。

2. 售中客服

售中客服是在产品销售过程中为顾客提供的服务。在淘宝平台上，售中服务主要涉及订单处理、催件、查件等工作。

3. 售后客服

在网上交易成功后，买家收到货物、卖家收到货款后所进行的服务统称售后客服。在淘宝平台上，售后客服主要涉及处理退换货、客户投诉等工作。

二、职责和所需的技能

表 7-1　客服工作的职责和所需的技能

岗位	职责	所需的技能	
		基本技能	素质技能
售前客服	回答买家的提问，引导客户顺利购买，促成交易	（1）熟悉自己的产品； （2）电脑操作熟练； （3）了解平台规则； （4）了解交易流程； （5）能耐心沟通并提出建议	（1）冷静与条理性； （2）智慧与知识； （3）幽默与关爱
售中客服	订单处理，包括对商品信息和收货人信息的审单工作，对配货单和物流单的打单工作等		
售后客服	处理客户投诉、退换货等，提出处理方案，组织协调处理实施；进行有效的客户管理和沟通；跟进买家的真实评价；检查客户关系维护情况		

◆ 售前、售中、售后客服工作流程

一、售前客服工作流程

第一步，打招呼，对咨询的客户要及时答复（客户首次到访打招呼的时间不能超过15 秒。客户呼入的前 6 秒称为“黄金 6 秒”，因为客户买东西通常会货比三家，可能同时和好几家店联系，谁第一个回复，谁就占了先机），礼貌热情。

第二步，耐心询问（询问客户是为了更好地了解客户的情况，准确进行定位，这样才能做到只介绍对的不介绍贵的，以客户为尊，满足客户的需求），热心引导，认真倾听。

第三步，适时推荐（在向客户推荐产品的时候，要找到客户真正需要的商品，主动去提问，增加和客户的互动，为更好地服务奠定基础，取得客户的信任，而不能守株待兔），及时核实，让客户确认。

具体流程如图 7-2 所示。

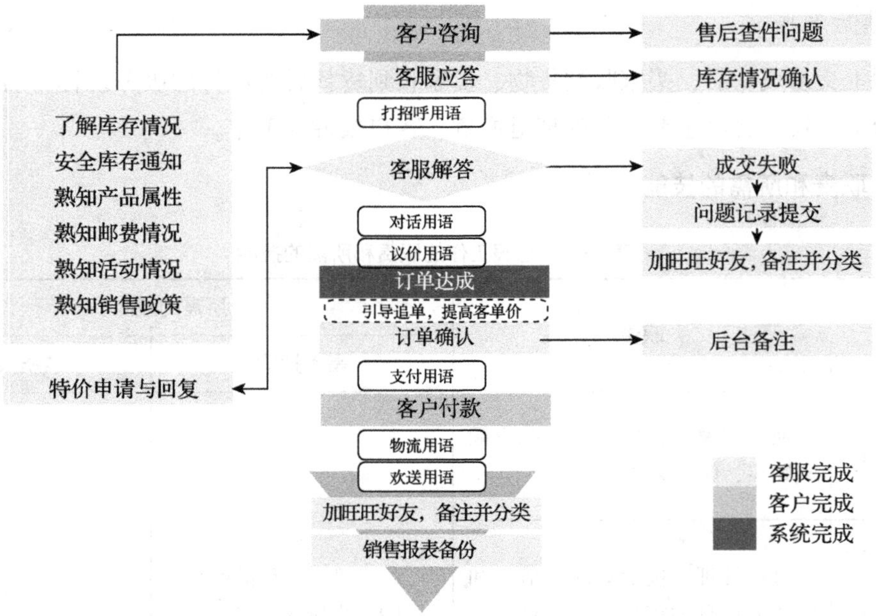

图 7-2　售前客服工作流程

二、售中客服工作流程

售中客服主要针对客户已付款但未收到货物时产生的问题提供服务，主要包括查询订单状态、换货或更改物流、取消订单这三大部分，具体流程如图 7-3 所示。

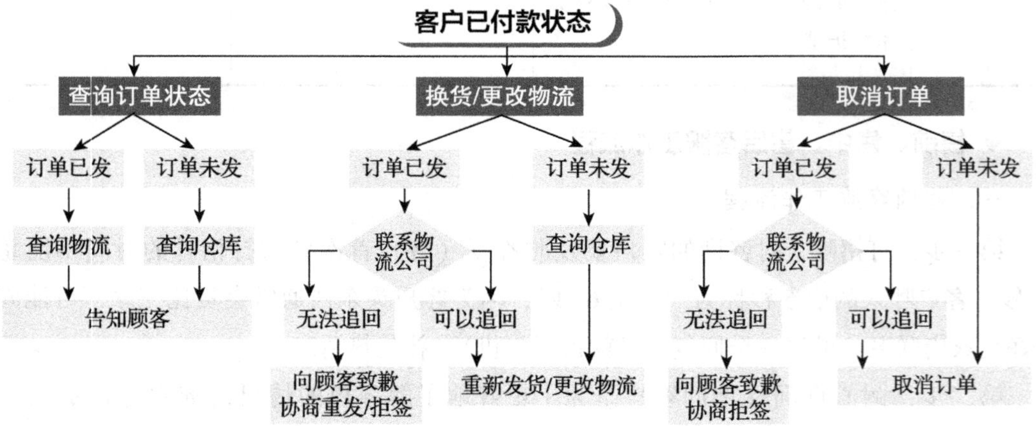

图 7-3　售中客服工作流程

三、售后客服工作流程

售后服务是整个交易过程的重点之一，售后服务和商品质量、信誉同等重要。买家在网上交易成功并收到货物后所产生的问题均由售后客服进行处理，其中最主要的内容是退换货、中差评处理等。

1. 退换货处理流程

退换货主要涉及两大方面，一方面是客户拒收，另一方面是客户要求退换货。其中客户拒收处理流程如图 7-4 所示。

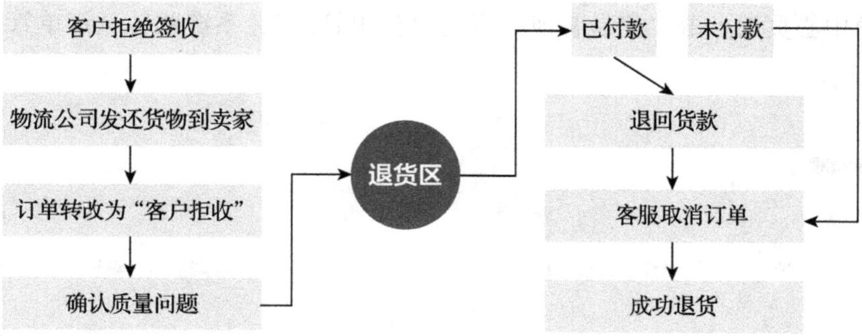

图 7-4　客户拒签处理流程

客户要求退换货时，客服需要根据具体情况提供解决方案，主要方案如图 7-5 所示。

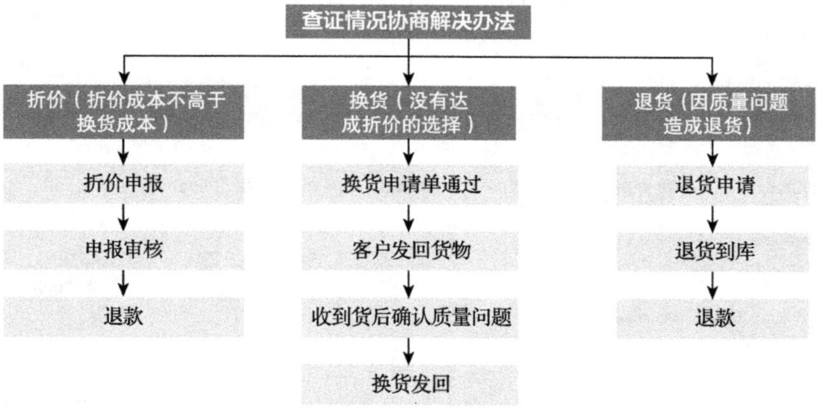

图 7-5　客户要求退换货处理流程

2. 中差评处理流程

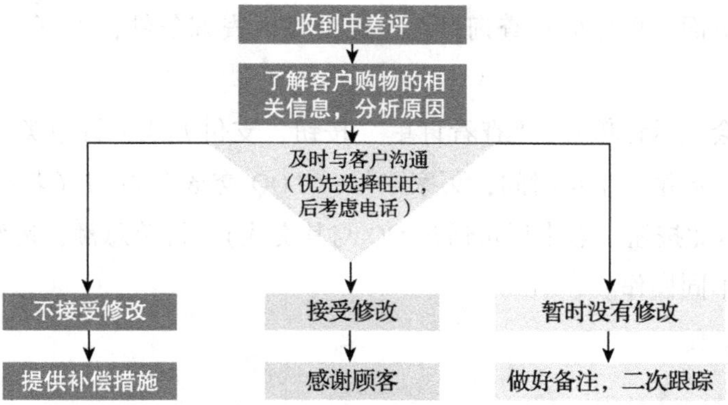

图 7-6　中差评处理流程

任务实施

01 订单管理

在卖家中心页面点击“交易管理”下的“订单管理”，系统跳转至订单管理页面，如图 7-7 所示。

图 7-7　订单管理页面

在订单管理页面，可按标签查询订单，也可输入查询条件，如订单编号、下单时间、买家进行搜索。

任何订单都会显示订单号，“查看订单”按钮，支付方式，订单类型，订单状态，商品的名称、属性、数量，下单时间，买家账号，“QQ 交谈”按钮（若买家个人信息填写了 QQ 账号则显示此按钮，点击后可通过 QQ 与其交谈），订单总额，运费等。下面阐述不同状态的订单的不同操作。

1. 查看订单

在订单管理页面点击“查看订单”按钮，进入订单详情页面，如图 7-8 所示。

图 7-8　订单详情页面

订单详情页面显示订单状态、订单编号、下单时间、卖家信息、订单信息、物流信息、物流动态和操作历史。

2. 已经取消

在订单管理页面点击“已经取消”标签，如图 7-9 所示。

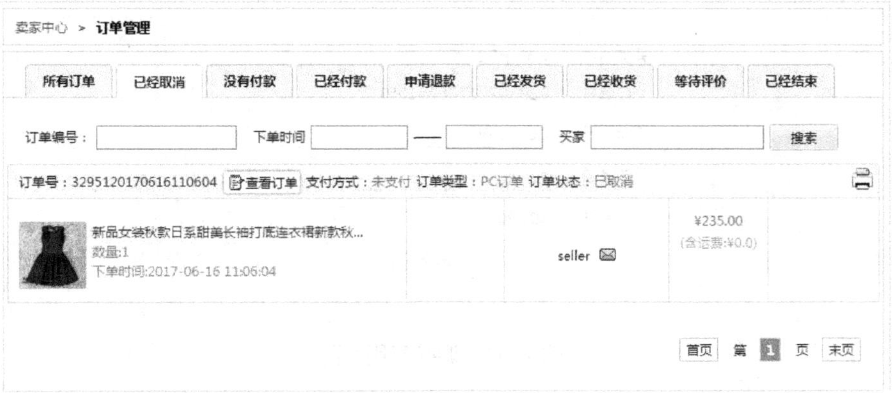

图 7-9　已经取消页面

已经取消页面显示的订单是买家已下单但未支付，且进行了“取消订单”操作的订单。卖家只能查看此类订单，不能进行其他操作。

3. 没有付款

在订单管理页面点击“没有付款”标签，如图7-10所示。

图7-10　没有付款页面

没有付款页面显示的订单是买家已下单，但是未支付的订单，包含未选择支付方式和已经选择支付方式未支付成功的订单。卖家可进行“调整费用”操作，如图7-11所示。

图7-11　调整费用页面

卖家可根据和买家沟通的结果对订单的商品总价和配送金额进行调整。

4. 已经付款

在订单管理页面点击“已经付款”标签，如图 7-12 所示。

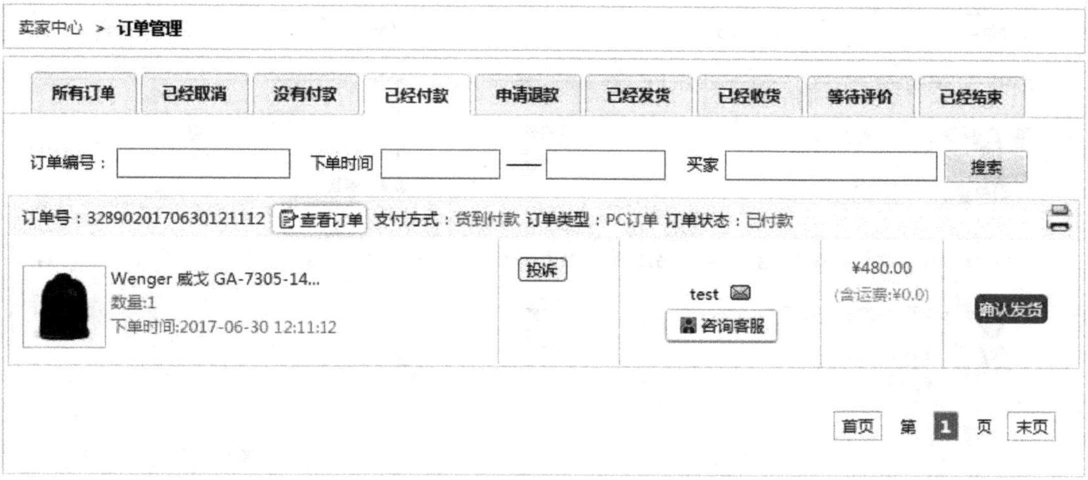

图 7-12　已经付款页面

已经付款页面显示所有已付款的订单，卖家可以进行“确认发货”操作，如图 7-13 所示。

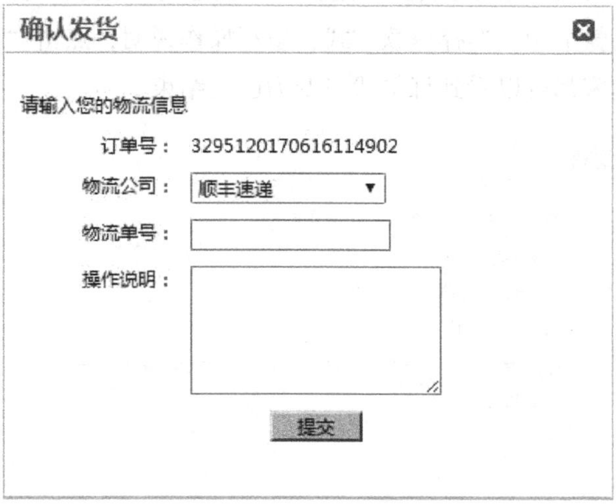

图 7-13　确认发货页面

在确认发货页面选择物流公司，输入物流单号和操作说明，点击“提交”按钮则发货成功，之后买家可进行“确认收货”操作。

5. 申请退款

在订单管理页面点击“申请退款”标签，如图 7-14 所示。

图 7-14　申请退款页面

买家在订单已付款，卖家发货前可以进行“申请退款”操作，申请退款后订单显示在“申请退款”标签中。此时卖家可点击“退款”按钮进行“退款”操作，如图 7-15 所示。卖家输入协商好的退款金额，选择退款方式，填写操作说明，点击“提交”按钮后退款即生效。此时买家和卖家都可以看到订单状态变为已经结束。

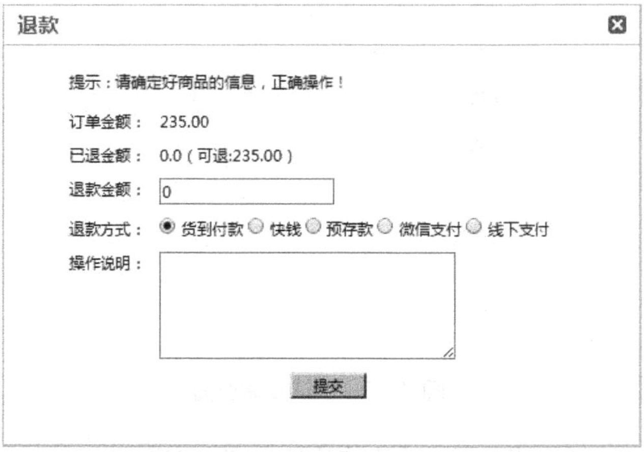

图 7-15　退款页面

6. 已经发货

在订单管理页面点击“已经发货”标签，如图 7-16 所示。

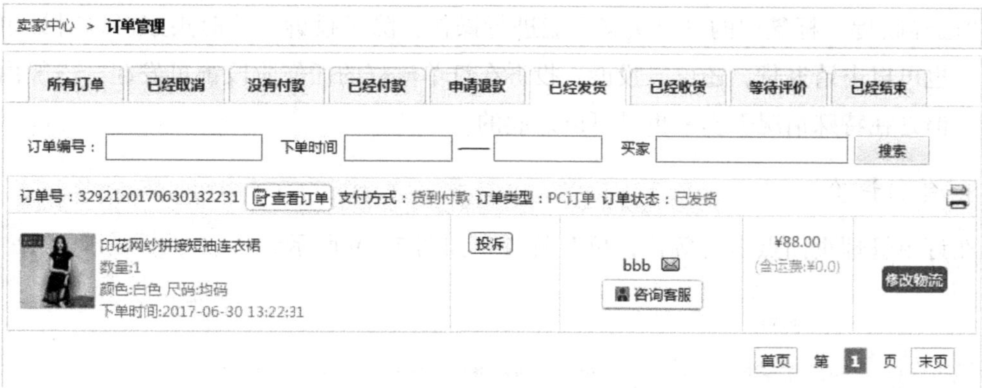

图 7-16　已经发货页面

在卖家已经发货，买家确认收货之前，卖家可进行“修改物流”操作，如图 7-17 所示。在修改物流页面输入物流单号和操作说明，点击“提交”按钮即可。

图 7-17　修改物流页面

7. 已经收货

在订单管理页面点击“已经收货”标签，如图 7-18 所示。

图 7-18　已经收货页面

“已经收货”标签中的订单卖家不能进行操作，除了投诉。此时买家可以对订单进行评价，也可以申请退货，还可以投诉。投诉在订单流程的任何阶段都可发起，一般由买家发起，但是在特殊情况下卖家也是可以发起的。

8. 等待评价

在订单管理页面点击“等待评价”标签，如图 7-19 所示。

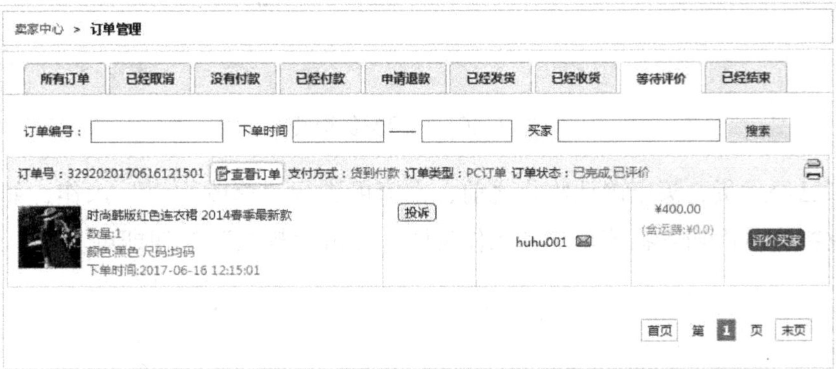

图 7-19　等待评价页面

等待评价页面显示的订单是买家已经评价，需要卖家对买家进行评价的订单，点击“评价买家”按钮即进入评价买家页面，如图 7-20 所示。

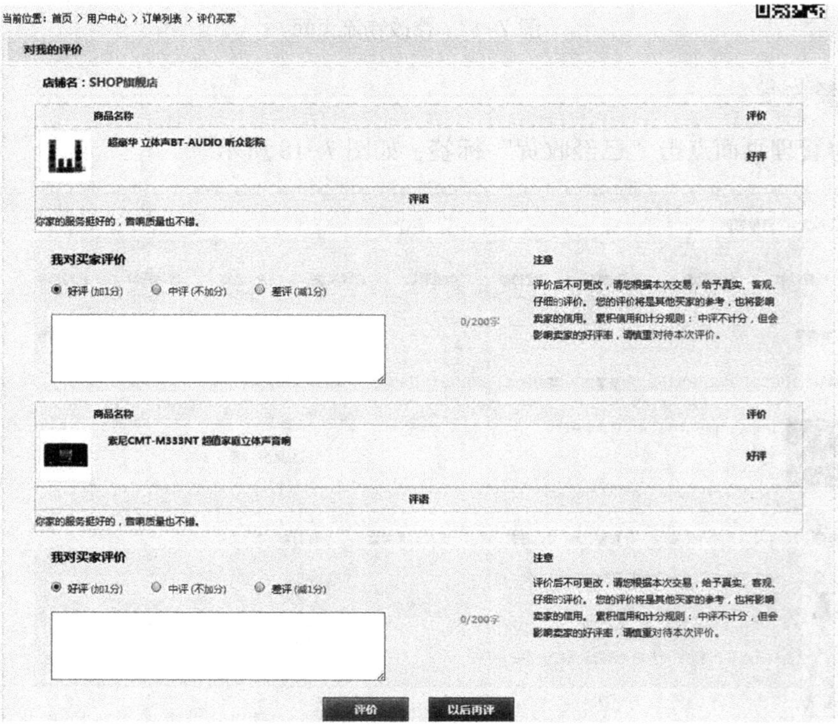

图 7-20　评价买家页面

9. 退货审核

订单管理页面不显示处于退货状态的订单，买家在确认收货后、评价前可以发起“申请退货”操作，申请退货后卖家页面显示“退货审核”，如图 7-21 所示。

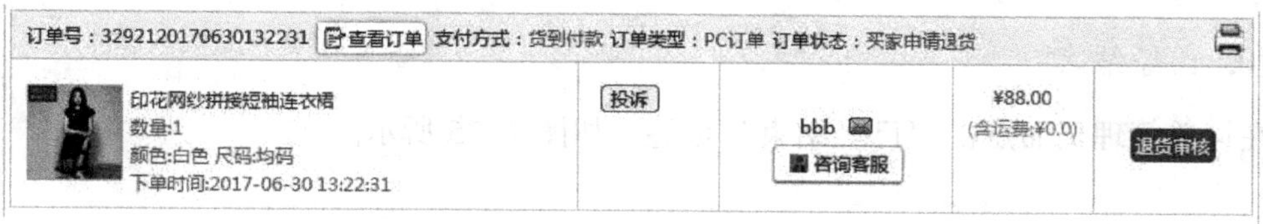

图 7-21　处于退货状态的订单

卖家点击“退货审核”按钮可审核同意或拒绝退货，如图 7-22 所示。

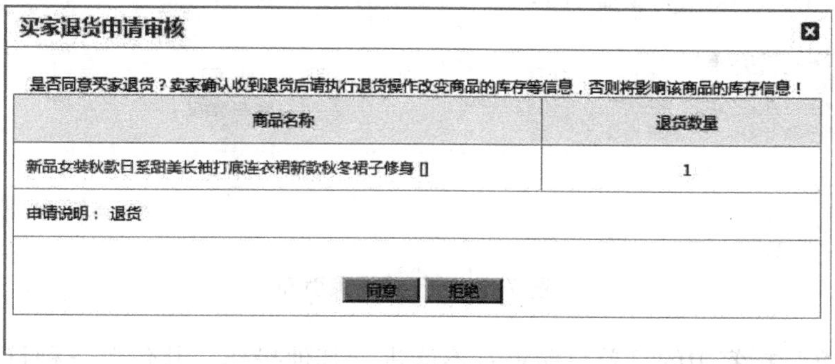

图 7-22　退货申请审核

卖家点击“同意”按钮后，买家可进行“退货物流”操作，买家填写退货物流信息后，卖家可进行“物流审核”操作，如图 7-23 所示。

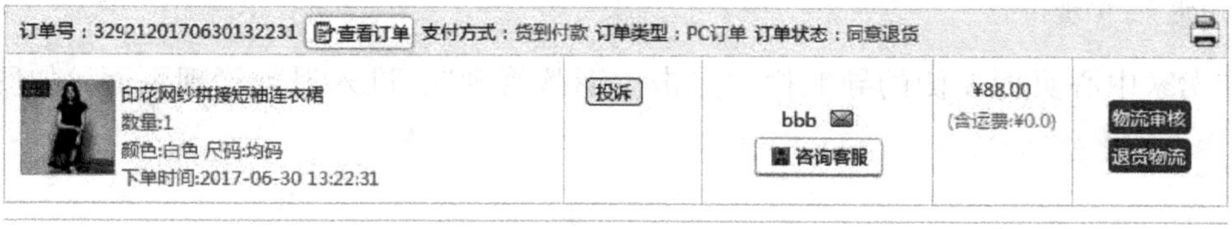

图 7-23　处于退货状态的订单

点击“物流审核”按钮，可看到买家退回货物的物流详情，如图 7-24 所示。

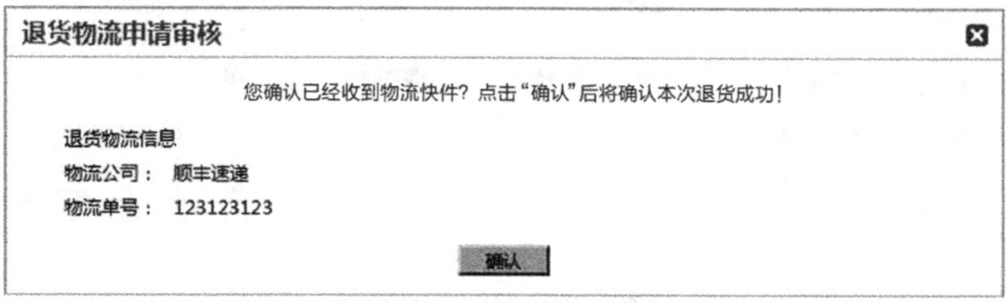

图 7-24　卖家确认收货页面

卖家收到买家退回的货物后，点击“确认”按钮即卖家确认收货，确认收货后订单状态变为退货完成。此时可对订单进行退款操作，参考“5. 申请退款”的内容。

注意：已经发货的订单进行退款时，只退还商品金额，不退还邮费。（卖家包邮不关注此项）

10. 已经结束

在订单管理页面点击“已经结束”标签，如图 7-25 所示。

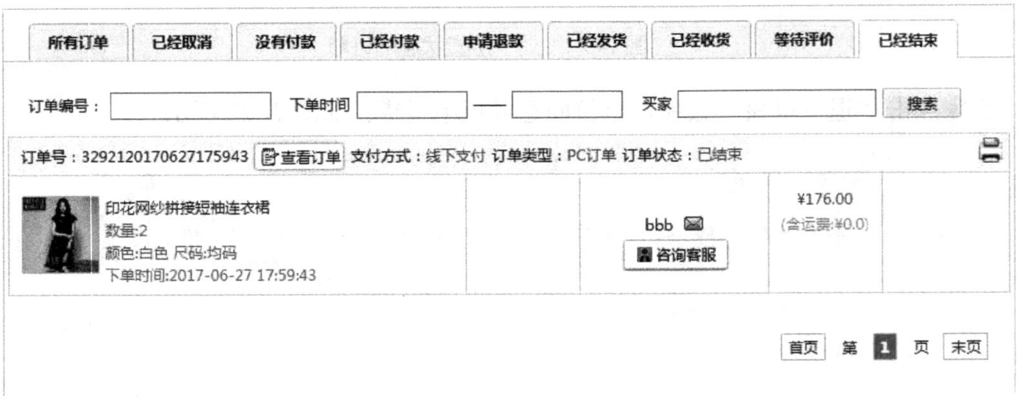

图 7-25　已经结束页面

“已经结束”标签中的订单只能查看不能进行其他操作，共包含三种订单：订单流程完成买卖双方已评价、订单退款、订单退货后退款。

02 客户服务

1. 退款管理

在卖家中心页面左侧的导航栏中点击“退款管理”，进入退款管理页面，如图 7-26 所示。

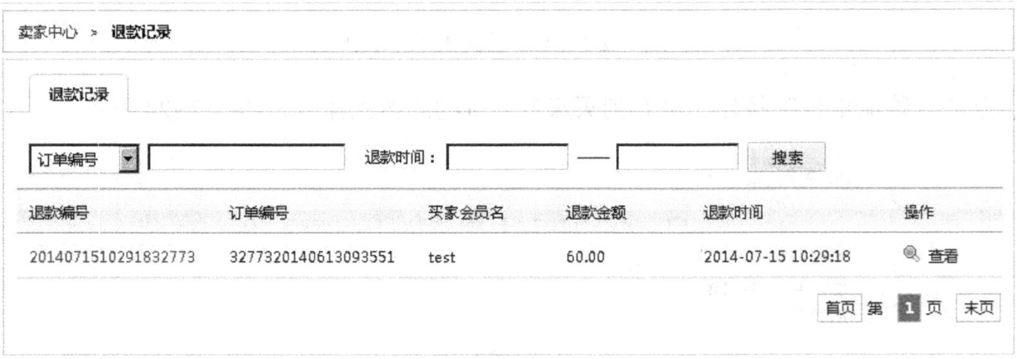

图 7-26　退款管理页面

1）查看退款详情

在退款管理页面点击列表某行“操作”栏中的“查看”按钮，弹出退款记录页面，如图 7-27 所示。

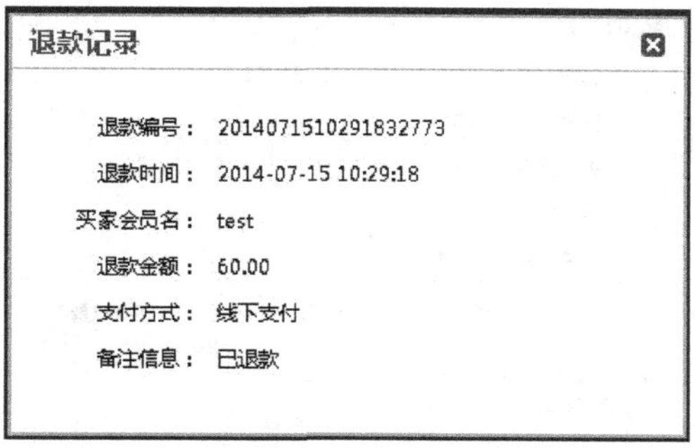

图 7-27　退款记录页面

在退款记录页面中可以看到退款编号、退款时间、买家会员名、退款金额、支付方式、备注信息等信息。

2）查询退款信息

退款管理页面支持按照订单编号、退款时间进行搜索。

2. 退货管理

在卖家中心页面左侧的导航栏中点击“退货管理”，进入退货管理页面，如图 7-28 所示。

退货编号	订单编号	买家会员名	退货数量	退货时间	操作
2017061612242632951	3295120170616110214	seller	1	2017-06-16 12:24:26	查看
2017061609104732920	3292020170616090927	huhu001	1	2017-06-16 09:10:47	查看
2017061519060332921	3292120170615164000	xs001	1	2017-06-15 19:06:03	查看
2017061516420032942	3294220170615163809	11003	1	2017-06-15 16:42:00	查看
2017061516340432922	3292220170615162458	gaopan	4	2017-06-15 16:34:04	查看
2017061516294232936	3293620170615160554	wangt02	1	2017-06-15 16:29:42	查看
2017061516292532943	3294320170615162625	wufan555	1	2017-06-15 16:29:25	查看
2017061516184132920	3292020170615122313	huhu001	1	2017-06-15 16:18:41	查看

图 7-28　退货管理页面

1）查看退货详情

在退货管理页面点击列表某行“操作”栏中的“查看”按钮，弹出退货记录页面，如图 7-29 所示。

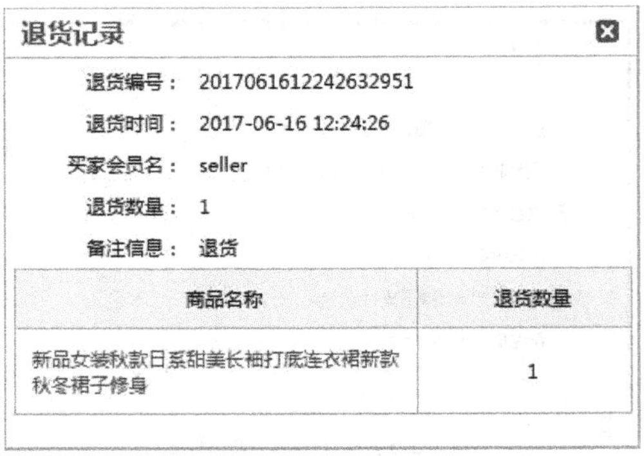

图 7-29　退货记录页面

在退货记录页面中可以看到退货编号、退货时间、买家会员名、退货数量、备注信息、商品名称等信息。

2）查询退货信息

退货管理页面支持按照订单编号、退货时间进行搜索。

3. 咨询管理

在卖家中心页面左侧的导航栏中点击“咨询管理”，进入咨询管理页面，如图 7-30 所示，可以对咨询信息进行“删除”和“回复”操作。

图 7-30　咨询管理页面

1）未回复咨询管理

在咨询管理页面点击“未回复咨询”标签，进入未回复咨询页面，如图 7-31 所示。

图 7-31　未回复咨询页面

在咨询管理页面点击某咨询的“回复”按钮，弹出“编辑回复”窗口，如图 7-32 所示。

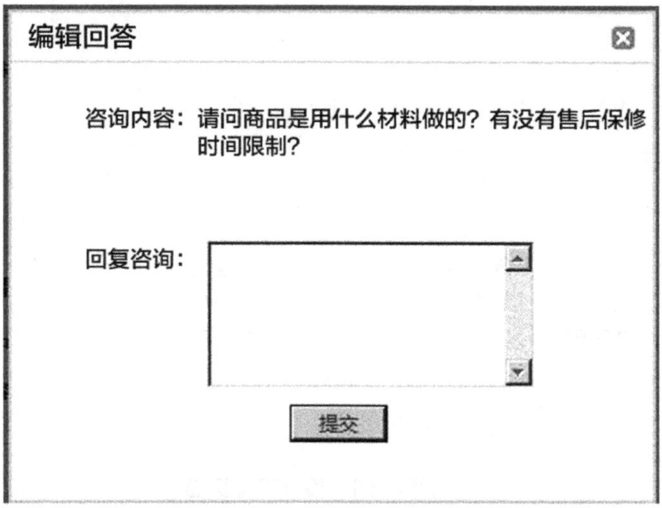

图 7-32　“编辑回复”窗口

在“回复咨询”框中输入回复内容后点击“提交”按钮即完成回复。

2）已回复咨询管理

在咨询管理页面点击“已回复咨询”标签，进入已回复咨询页面，如图 7-33 所示，可以对已回复的咨询内容进行编辑。

图 7-33　已回复咨询页面

4. 投诉管理

在卖家中心页面左侧的导航栏中点击“投诉管理”，进入投诉管理页面，如图 7-34 所示。

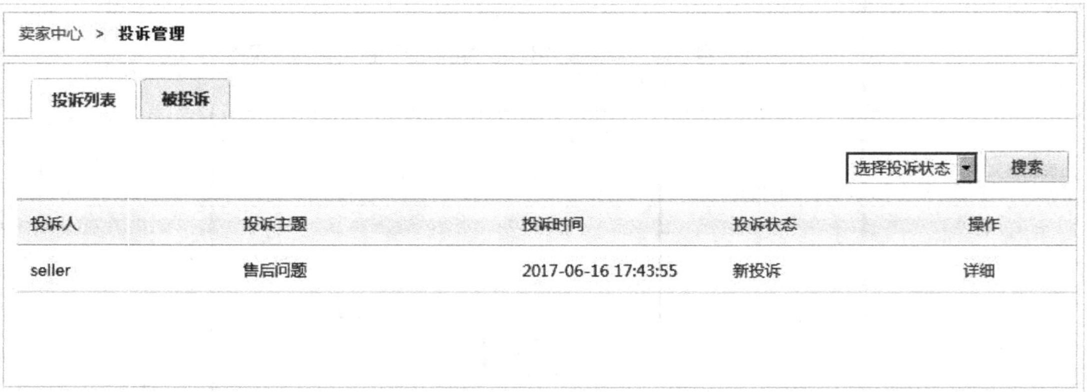

图 7-34　投诉管理页面

点击“操作”栏中的“详细”按钮进入投诉详情页面，投诉状态分为“新投诉”“待申诉”“对话中”“待仲裁”和“已完成”五种，如图 7-35 所示。

其中“新投诉”由买家或卖家在订单管理页面点击“投诉”按钮，完成投诉内容的录入，提交至后台管理员处。

后台管理员审核投诉后，状态变为“待申诉”，如果是买家投诉的，由卖家进行申诉处理，反之由买家进行申诉处理。

“待申诉”处理完成之后，状态变为“对话中”。买卖双方针对该投诉发布对话，如依旧无法达成统一的意见，可以提交仲裁。

后台管理员对待仲裁的投诉进行最终仲裁并关闭该投诉，至此投诉处理完成。

图 7-35　投诉详情页面

实战演练

（1）登录 i 博导平台，进入“我的店铺”页面。

（2）在“我的店铺”页面点击“网店管理”中的“网站客服系统”按钮，进入网店客服系统进行售前、售中、售后客户服务等模拟训练。

（3）进入网店订单管理页面进行订单发货、收款等模拟训练。

（4）以学习小组为单位，进行网店客服的实战演练，关注客户的回复率、转化率、满意度等情况。

任务考核评价

表7-2 售前、售中、售后客户服务考核评价表

<table>
<tr><th colspan="6">项目二 售前、售中、售后客户服务</th></tr>
<tr><td>学员姓名</td><td></td><td>学号</td><td></td><td>班级</td><td>日期</td></tr>
<tr><td>项目</td><td>考核项目</td><td>考核要求</td><td>配分</td><td>评分标准</td><td>得分</td></tr>
<tr><td rowspan="2">知识目标</td><td>客服工作</td><td>了解客服工作的分类、基本要求和工作流程</td><td>10</td><td>错误一项扣2分</td><td></td></tr>
<tr><td>客服沟通技巧</td><td>掌握售前、售中、售后客户服务的沟通技巧</td><td>10</td><td>错误一项扣2分</td><td></td></tr>
<tr><td rowspan="4">能力目标</td><td>订单管理</td><td>能处理投诉的订单</td><td>15</td><td>对错误的操作酌情扣分</td><td></td></tr>
<tr><td>售前客户服务</td><td>能对客户进行售前服务</td><td>15</td><td>对错误的操作酌情扣分</td><td></td></tr>
<tr><td>售中客户服务</td><td>能对客户进行售中服务</td><td>15</td><td>对错误的操作酌情扣分</td><td></td></tr>
<tr><td>售后客户服务</td><td>能对客户进行售后服务</td><td>15</td><td>对错误的操作酌情扣分</td><td></td></tr>
<tr><td rowspan="2">过程方法和社会能力</td><td>过程方法</td><td>（1）掌握自主发现、自主探索的学习方法；
（2）学会在学习中反思、总结，调整自己的学习目标，在更高的水平上获得发展</td><td>10</td><td>能在工作中反思，有创新见解，能自主发现、自主探索，酌情得5~10分</td><td></td></tr>
<tr><td>社会能力</td><td>小组成员间团结、协作，共同完成工作任务，培养良好的职业素养（工位卫生、工服穿戴等）</td><td>10</td><td>（1）工服穿戴不全扣3分；
（2）工位卫生情况差扣3分</td><td></td></tr>
<tr><td colspan="2">实训总结</td><td colspan="4">完成本次工作任务的体会（学到哪些知识，掌握哪些技能，有哪些收获）：</td></tr>
<tr><td colspan="2">得分</td><td colspan="4"></td></tr>
</table>

经验总结

擅长的方面

需要改进和加强的方面

学习任务四

商品包装与物流配送

04

互联网的发展为网络购物提供了非常多的便利条件，从商品展示到咨询洽谈，从浏览购买到支付货款，交易双方通过互联网可以轻松地完成绝大部分交易环节。然而，除了虚拟商品，实物商品的运输和配送环节必须与线下的物流公司合作完成。

项目一　商品包装

任务描述

店铺经过之前的装修、推广已经拥有了很多客户，而且客户也很认可店铺售卖的水果。但是有些客户反映，在商品运输的过程中一些未知因素造成了水果的损坏，你非常着急，迫切需要解决这个问题。那商品在包装过程中有什么样的特殊要求呢？

背景知识

◆ 仓储管理

在企业物流系统中，仓储管理是一个基本环节，是指对仓库及其库存物品进行管理。仓储系统是企业物流系统中不可缺少的子系统。

一、检验商品

电子商务公司发展到一定阶段，都会设立专门的物流部门来对库存商品进行更系统化和规范化的管理，或者根据公司的经营特点设计一个 ERP（enterprise resource planning，企业资源计划）系统进行相关管理。ERP 系统是一个在全公司范围内应用的、高度集成的系统，数据在各业务系统之间高度共享，所有的源数据只需要在某一个系统中输入一次，这保证了数据的一致性，可以实现即时交易管理、动态库存管理和财务管理。

当供货商将商品运至仓库时，负责收货工作的人员必须严格、认真地检查，看商品外包装是否完好，若存在破损或临近失效期等情况，要拒收，并及时上报相关主管部门。确定商品外包装完好后，再依照订货单和送货单核对商品的品名、等级、规格、数量、单价、合价、有效期等内容，仔细检查商品的外观有无破损和明显的污渍，确认数量、规格、品种都准确无误，质量完好，配套齐全后方可入库保管。

二、编写货号

每一款商品都应该有一个对应的货号，即商品编号。编写货号的目的是方便商家进行内部管理，在店铺或仓库里找货、盘货。最简单的编号方法是“商品属性+序列号”。具体做法如下。

（1）将商品分类，确定其商品属性，如分为手机小饰品、耳环、项链、戒指、吊坠、毛衣链等。

（2）根据每一类商品的名称，对应写出其商品属性的汉语拼音，确定商品属性的缩写字母，如耳环（erhuan）缩写为RH、项链（xianglian）缩写为XL、戒指（jiezhi）缩写为JZ、吊坠（diaozhui）缩写为DZ等。

（3）每一类商品的序列号可以是两位数或三位数，具体视该类商品的数量而定，但也要留有发展的余地，因为商品的款式可能会越来越多。

如果销售的是品牌商品，厂家一般有标准的货号，商家就不需要自己编写货号了，只需要照原样登记就行。但是商家要学会辨认厂家编写的货号，其实货号就是商品的一个简短说明。

衣服鞋帽类商品款式繁多，因此编写货号的规则往往更加复杂。例如，特步的商品每款都有对应的货号，只要了解特步编写货号的规则，商家一看货号就能知道是什么商品，在客户咨询时也能马上明白其指的是什么商品。

三、入库登记

商品验收无误并编写货号后，即可登记入库。在入库时要详细记录商品的名称、数量、规格、入库时间、凭证货码、送货单位和验收情况等信息，做到账、货、标牌相符。

商品入库后，还要按照商品的属性、材质、规格、功能、型号和颜色等进行分类，然后放入货架的相应位置存储。在存储时要根据商品的特性做好防潮处理，以保证仓库中货物的安全。在进行入库登记时要保证商品的数量准确、价格无误。当商品出库时，为了防止出库货物出现差错，必须严格遵守出库制度，做到凭发货单发货，无单不发货。

◆ 货物打包

发货这一物流过程包括包装、保管、运输、配送四个环节，通过这些环节货物才能被完好地送到买家手中，待买家签收并表示满意后，商家才能顺利地收到货款。发货的第一个环节就是对商品进行合理的包装。

一、分类包装

将不同的货物分类包装，不仅可以体现出物流工作的合理性，还能够在一定程度上提高物流配送的安全性。不同的包装材料因为重量不同，也会对物流成本产生影响，继而影响整体的经营成本。

- 只要尺寸合适，纸箱就可以用来包装所有的商品。虽然纸箱是包装材料里成本较高的，但其防护作用比较好。
- 大部分不易损坏的商品可以使用快递公司提供的一次性塑料快递袋来包装。
- 一些重量不轻且对防震要求很高的商品，最好采用由木板条钉成的箱子来包装。
- 还有一些特殊的商品需要使用特殊的包装材料，例如油画等，通常采用建材店里出售的PVC（polyvinyl chloride，聚氯乙烯）管材来包装，因为管材的圆筒外形和PVC的硬度可以保证画卷不被折损。油画一般很少装裱好再寄送，因为装裱后的玻璃画框在运输途中容易损坏。

但是不管采用哪种包装方式，商家都应从在物流过程中遇到的问题和买家的反馈中总结经验和教训，不断地改进包装方式，做到既能保障货物安全，又能节约包装成本。

二、隔离防震

在纸箱和货物之间的空隙放置一些填充物，目的是给货物多一层保护，不让货物在里面左右摇晃，可以大大减少因长途运输而产生的物损，提高物流配送的安全性。

合理的包装虽能保证货物的安全，但会因为重量的不同而产生不同的邮费。因为邮费是经营成本的一个重要组成部分，所以对纸箱和填充物的选择也要遵循一定的原则。图8-1所示为填充物。

图8-1 填充物

选用纸箱和填充物的要求如下。

- 纸箱的尺寸应该比货物的外形尺寸略大，以留有足够的缓冲空间来放置填充物，这样才能实现良好的隔离和防震效果。
- 填充物的选择标准是体积大、重量轻，如泡沫、海绵、报纸等都是不错的填充物。

纸箱的大小和填充物的重量都会对邮费有影响，所以要按以上要求进行选择，尽量控制货物的包装重量。

三、打包要点

给货物打包是一个简单的技术活，但是随意打包和规范打包结果是有很大的差别的。

不同的商品有不同的包装，但是一般来说，只要尺寸合适，纸箱就可以作为所有商品的外包装材料。下面就以纸箱为例讲述打包时应注意的要点。

- 避重就轻：商品和纸箱内壁之间应该预留 3 cm 的缓冲空间，并且用填充物将商品固定好，以达到隔离和防震的目的。
- 严丝合缝：用填充物塞满商品和纸箱之间的空隙，使纸箱经得起任何角度的外力的冲撞。
- 原封不动：纸箱的所有边缝都要用封箱胶带密封好，这样既可以防止商品掉出和液体浸入，又可以起到一定的防盗作用。
- 表里如一：安全工作应从纸箱内部延伸到外部，在纸箱封口处贴上防盗封条，可以起到一定的警示和震慑作用，有效地防止内件丢失。防盗封条可以自己制作，也可以在网上购买。

纸箱最好不要提前封口，等快递工作人员做过安全检查后再封口并邮寄。

任务实施

拿到商品时，买家最先看到的是包装，美观大方、细致入微的包装不但能够保护商品安全到达，而且能够赢得买家的信任。下面介绍常见的商品包装方法。

01 易变形、易碎商品

易变形、易碎商品包括瓷器、玻璃制品、光盘、杯具、茶具、字画、工艺品等。对这类商品，包装时要用报纸、泡沫、塑料、泡绵、泡沫网等填充物充分地填充四周的空隙，这些东西重量轻，而且可以缓冲撞击。选择填充物时尽量选用聚乙烯材料，而少用纸壳、纸团等，因为纸要重一些，并且塑料膨胀效果好。图 8-2 所示为包装易碎品的材料。

图 8-2　包装易碎品的材料

在包装易碎品时还应注意如下事项。

- 把易碎品放到盒子或者箱子里时要使其不会在里面晃动。
- 贴上易碎品标签，在箱子的四周写上“易碎品勿压、勿摔”，提醒工作人员在装卸货过程中轻拿轻放，避免损坏。

02 首饰类商品

首饰类商品一般需要附送首饰袋或首饰盒，图 8-3 所示为首饰盒。

通过以下方法可以把首饰包装得更好。

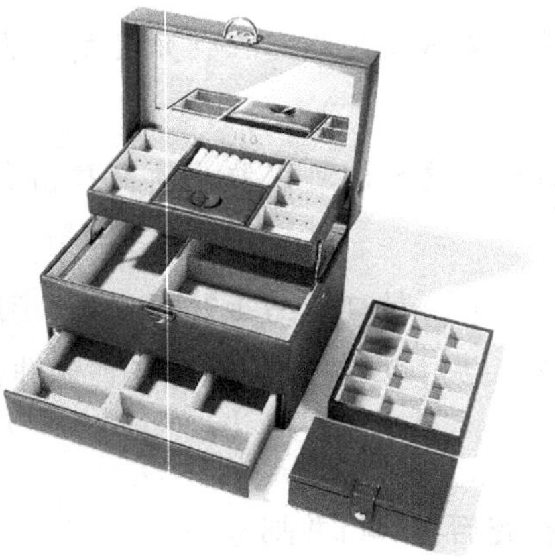

图 8-3 首饰盒

- 最好用纸箱包装，一般 3 层的 12 号纸箱（130 mm×80 mm×90 mm）就够用了。
- 一定要用胶带封好纸箱的四个角，以免在寄送过程中有液体类货品发生泄漏，腐蚀饰品。

03 衣服、床上用品等纺织类商品

衣服、床上用品等纺织类商品在包装时可以用不同种类的纸张（牛皮纸、拷贝纸等）单独包好，以防止弄脏。如果遇到形状不规则的商品，可先用胶带封好口，然后用纸包住手提袋并贴胶带固定，以减少磨损。

1. 纸箱

纸箱的优点是比较结实，衣服放在里面比较安全，损坏的可能性不大。不过衣服最好先用塑料袋包好，再放入纸箱中。纸箱选择 3 层的就可以了。

2. 快递专用加厚塑料袋

这种塑料袋可以从网上购买，价格不贵，普通大小的一个 3~7 毛钱不等，其特性是防水、防辐射，用来寄送纺织品是一个不错的选择，经济实惠、方便安全。图 8-4 所示为加厚塑料袋。

图 8-4 加厚塑料袋

04 液体类商品

邮局对液体类商品有专门的邮寄方法：先用棉花裹好，再用胶带缠好。在包装此类商品时可以借鉴邮局的做法，不过一定要封好口，然后用棉花整个包住，可以包厚一点，使液体不会流到纸盒外面污染其他包裹。最后包一层塑料袋，这样即使液体漏出来也会被棉花吸收，并且有塑料袋做最后的保护。

对香水类商品，可以到五金行或专门的塑料用品商店买一些透明的气泡纸，裹在香水盒外面，然后用透明胶带紧紧封住。为了确保安全，最好把裹好的香水盒放在小纸箱里，再塞些泡沫块。

05 电子产品类商品

电子产品、贵重精密仪器的包装很讲究，要用纸箱、托盘包装。如果货物比较轻，可以用纸箱，如果需要也可以使用木箱。在对这类怕震的产品进行包装时，可以先用泡绵、气泡布、防静电袋等包装材料把物品包装好，再用瓦楞纸在商品边角或者容易磨损的地方加强保护，并且要用填充物（如报纸、海绵或者防震气泡布这类有弹力的材料）将纸箱的空隙填满。这些填充物可以保护和支撑商品，吸收撞击力，避免物品在纸箱中摇晃受损。图 8-5 所示为用于包装电子产品的气泡袋。

06 书籍类商品

书籍要用塑料袋套好，以免理货或者包装时被弄脏，也能起到防潮的作用。可用铜版纸做第二层包装，避免书籍在运输过程中损坏。外层用牛皮纸、胶带进行包装。如果采用印刷品邮寄方式，用胶带封好边与角后，要在包装上留出贴邮票、盖章的空间；如果采用包裹邮寄方式，则要用胶带全部封好，不留一丝缝隙。图 8-6 所示为书籍的包装。

图 8-5　气泡袋

图 8-6　书籍的包装

实战演练

学生分组收集各类商品，进行包装练习。小组间互相检查包装成果，教师点评。

任务考核评价

表 8-1　商品包装考核评价表

<table>
<tr><th colspan="7">项目一　商品包装</th></tr>
<tr><td colspan="2">学员姓名</td><td>学号</td><td></td><td>班级</td><td>日期</td><td></td></tr>
<tr><td>项目</td><td>考核项目</td><td>考核要求</td><td>配分</td><td colspan="2">评分标准</td><td>得分</td></tr>
<tr><td rowspan="2">知识目标</td><td>仓储管理</td><td>了解仓储管理的基本环节，货号编写方法</td><td>10</td><td colspan="2">错误一项扣 2 分</td><td></td></tr>
<tr><td>货物打包</td><td>掌握货物打包方法</td><td>10</td><td colspan="2">错误一项扣 2 分</td><td></td></tr>
<tr><td rowspan="6">能力目标</td><td>易变形、易碎商品</td><td>能对易变形、易碎商品进行包装</td><td>10</td><td colspan="2">对错误的操作酌情扣分</td><td></td></tr>
<tr><td>首饰类商品</td><td>能对首饰类商品进行包装</td><td>10</td><td colspan="2">对错误的操作酌情扣分</td><td></td></tr>
<tr><td>纺织类商品</td><td>能对纺织类商品进行包装</td><td>10</td><td colspan="2">对错误的操作酌情扣分</td><td></td></tr>
<tr><td>液体类商品</td><td>能对液体类商品进行包装</td><td>10</td><td colspan="2">对错误的操作酌情扣分</td><td></td></tr>
<tr><td>电子产品类商品</td><td>能对电子产品类商品进行包装</td><td>10</td><td colspan="2">对错误的操作酌情扣分</td><td></td></tr>
<tr><td>书籍类商品</td><td>能对书籍类商品进行包装</td><td>10</td><td colspan="2">对错误的操作酌情扣分</td><td></td></tr>
<tr><td rowspan="2">过程方法和社会能力</td><td>过程方法</td><td>（1）掌握自主发现、自主探索的学习方法；
（2）学会在学习中反思、总结，调整自己的学习目标，在更高的水平上获得发展</td><td>10</td><td colspan="2">能在工作中反思，有创新见解，能自主发现、自主探索，酌情得 5~10 分</td><td></td></tr>
<tr><td>社会能力</td><td>小组成员间团结、协作，共同完成工作任务，培养良好的职业素养（工位卫生、工服穿戴等）</td><td>10</td><td colspan="2">（1）工服穿戴不全扣 3 分；
（2）工位卫生情况差扣 3 分</td><td></td></tr>
<tr><td colspan="2">实训总结</td><td colspan="5">完成本次工作任务的体会（学到哪些知识，掌握哪些技能，有哪些收获）：</td></tr>
<tr><td colspan="2">得分</td><td colspan="5"></td></tr>
</table>

经验总结

擅长的方面

需要改进和加强的方面

项目二　物流配送

任务描述

今天收到一个订单，客户订购了一箱水果，要求发送到陕西西安，你已按照前文所述的包装要点将商品包装好，该选择什么样的运输方式将水果运送到西安呢，运费是多少呢？

背景知识

寄送商品，除了要为商品提供安全的包装以外，还需要与物流公司合作，完成运输和配送这一重要环节。

◆ 邮局发货

邮局和快递公司是网店卖家合作最多的物流部门。选择邮局发货主要是因为其网点多，很多村镇并没有快递网点。中国邮政发展迅速，其网点已经覆盖了很多偏远的地区和农村。邮局设有挂号信、平邮包裹、E 邮宝和 EMS 等多种邮寄方式，不同的邮寄方式产生的费用也不同。

平邮包裹的到货时间较长，通常需要 7~10 天顾客才能收到商品。由于淘宝网交易使用的是支付宝代收款的方式，顾客在没有收到货物之前是不会确认收货并通知支付宝放款给卖家的，因此到货时间也影响了商家的回款周期。

邮局发货的基本特点如下：

- 邮局统一规定邮费单价，价格相对较高；
- 邮寄速度一般；
- 对邮寄物品的属性有严格要求；
- 安全保障性较强，服务规范。

◆ 快递公司发货

如果通过快递公司发货，周边城市一般可以做到今发明至，国内大中城市的到货时间也只有 2~3 天，而且快递公司采用门对门收发货的方式，因此很多卖家和顾客不约而同地选择了快递这一物流方式。

市场上主要的快递公司有顺丰速运、宅急送、圆通速递、申通快递、全一快递、中通快递等。怎样选择快递公司呢？卖家需要注意以下几点。

1. 安全性

无论用什么运输方式，都要考虑安全方面的问题。因为不管是买方还是卖方，都希望通过一种安全的运输方式把货送到。如果安全性不能得到保障，将有一连串的问题困扰你。所以在选择快递公司的时候，一定要选择安全性较高的公司。

2. 诚信度

诚信度高的快递公司能够为货品提供更好的保障，让买卖双方都能放心使用。所以在选择快递公司的时候，可以先到网上看看网民的评价。

3. 价格

对卖家来说，找到一家合适的快递公司并不容易。如果价格比较便宜，能省下一笔不小的开支。但是不要一味地追求低价格，至少要在安全和诚信的基础上来选择。如果安全和诚信都无法保障，仅仅价格便宜是没有什么意义的。

在选择快递公司之前一定要多试用几家公司，多打几次交道，才能了解到底哪家服务好、价格更便宜，这样才能让店铺的利润更高。

◆ 物流托运

在托运前，对货物的包装和标记必须严格按照合同中有关条款、《国际铁路货物联运协定》和《国际道路货物运输合同公约议定书》中的条项办理，大件物品使用铁路托运。

1. 汽车托运

汽车托运，运费可以到付，也可以寄付。货物到了之后，可能会向收货方收取一定的卸货费。

汽车托运一般不需要保价，当然有条件的话最好保价，一般收取4‰的保价费。收货人的电话号码最好写两个，一个手机、一个固定电话，以确保能及时接到电话通知。图9-1所示为汽车托运。

图9-1　汽车托运

2. 物流公司

物流公司有佳吉、华宇等，其发货方式与托运不太一样，托运一般是点对点的，但物流公司不同，它们可以把货转到一个城市中的几个点，只要方便即可多次中转，故其运输速度很慢，对货物及其包装要求都很高。货物上车、下仓库次数多，容易造成破损。

3. 铁路托运

铁路托运价格低、速度快，但是只能将货物送到火车能到达的地方。只要货物包装得好，工作人员一般不打开检查，还会贴上“小心轻放”的标签。铁路托运运费现付，一般需要拿传真件和身份证提货，不太方便。图 9-2 所示为铁路托运。

图 9-2　铁路托运

任务实施

物流工作分为物管和物流两个部分，从商品验收入库、编写货号、仓储管理等售前环节，到打印货单、凭单出库、装箱发货、追查快件等售后环节，物流工作贯穿始终，形成一个完整的、连贯的工作流程。

01 地区管理

1. 常用地区

在基本设置页面（图 5-8）左侧导航栏“地区管理”下点击“常用地区”，进入地区设置页面，此页面会显示排序、地区名称、常用地区等信息，如图 9-3 所示。

图 9-3　地区设置页面

1）新增区域

在地区设置页面中点击“新增区域”按钮，会在当前页面中增加一条空白列表，如图 9-4 所示。

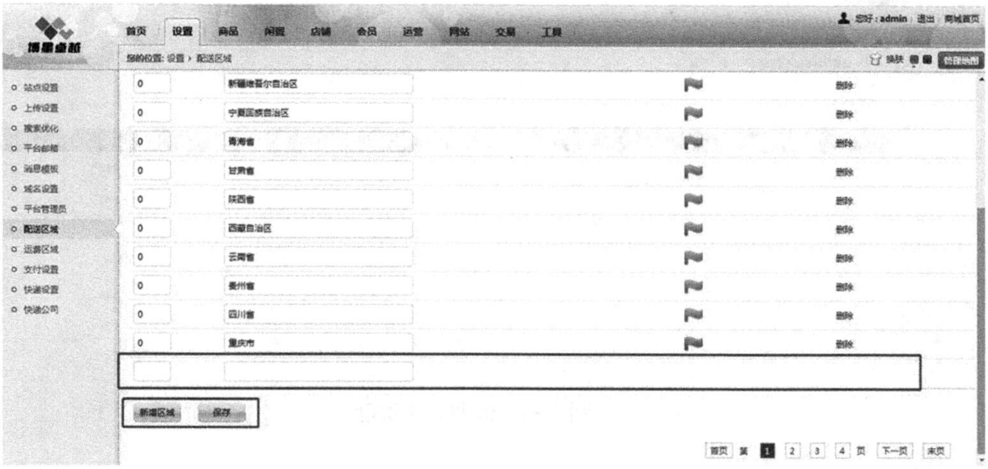

图 9-4　点击“新增区域”按钮后的效果

在新增的空白列表中输入排序和地区名称后，点击“保存”按钮，弹出保存成功提示窗口。

2）编辑区域

在地区设置页面中直接修改某行信息的排序和地区名称后，点击“保存”按钮，弹出保存成功提示窗口。

3）删除区域

在地区设置页面中点击某行信息“操作”一列下的“删除”按钮，弹出删除提示窗口，点击“确定”按钮后，该条信息被删除，删除后的信息无法恢复。

4）常用地区

在地区设置页面中点击某行“常用地区”一列下的“ ”按钮，当状态变为“ ”时，该地区显示为常用地区。

5）查看下一级地区

在地区设置页面的查询框中选择一级城市，列表中将自动显示该一级城市下的所有二级城市，选择二级城市，列表中将自动显示该二级城市下的所有三级城市。

2. 运费区域

在基本设置页面左侧导航栏“地区管理”下点击“运费区域”，进入运费区域页面，此页面会显示所有大区，如图 9-5 所示。

图 9-5　运费区域页面

1）新增区域

在运费区域页面中点击“新增区域”按钮，会在当前页面中增加一条空白列表，如图 9-6 所示。在新增的空白列表中输入排序和地区名称后，点击“保存”按钮，即可成功新增区域。

图 9-6　点击“新增区域”按钮后的效果

2）编辑区域

在运费区域页面中直接修改某行信息的排序和地区名称后，点击“保存”按钮，即可成功编辑区域。

3）删除区域

在运费区域页面中点击某行信息“操作”一列下的“删除”按钮，弹出删除提示窗口，点击“确定”按钮后，该条信息被删除，删除后的信息无法恢复。

4）查看下一级地区

在运费区域页面的查询框中选择区域，列表中将自动显示该区域下的所有省份，选择省份，列表中将自动显示该省份下的所有城市。此功能在编辑子项的时候适用。

02 快递设置

1. 快递设置

在基本设置页面左侧导航栏“快递设置”下点击“快递设置”，进入快递设置页面，如图 9-7 所示。

图 9-7　快递设置页面

在快递设置页面中输入已经申请授权的授权 Key，点击“提交”按钮，弹出快递设置成功提示窗口。

2. 快递公司

在基本设置页面左侧导航栏“快递设置”下点击“快递公司”，进入快递公司页面，此页面会显示快递名称、快递代码、快递序号和快递类型等信息，如图 9-8 所示。在该页面下，可以新增快递公司，也可对已有的快递公司进行编辑和删除操作。

图 9-8　快递公司页面

1）新增快递公司

在快递公司页面中点击“新增”按钮，进入新增快递公司页面，如图 9-9 所示。

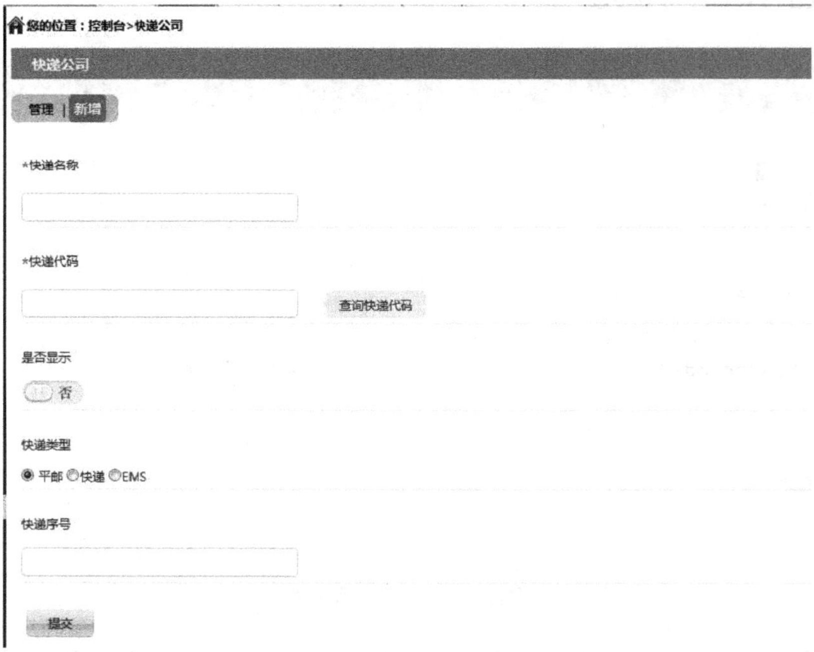

图 9-9　新增快递公司页面

在新增快递公司页面中输入快递名称、快递代码、快递序号等信息，并选择是否显示和快递类型后，点击“提交”按钮，快递公司即新增成功。

2）编辑快递公司

在快递公司页面中点击列表某行“操作”一列下的“编辑”按钮，进入编辑快递公司页面，如图 9-10 所示。

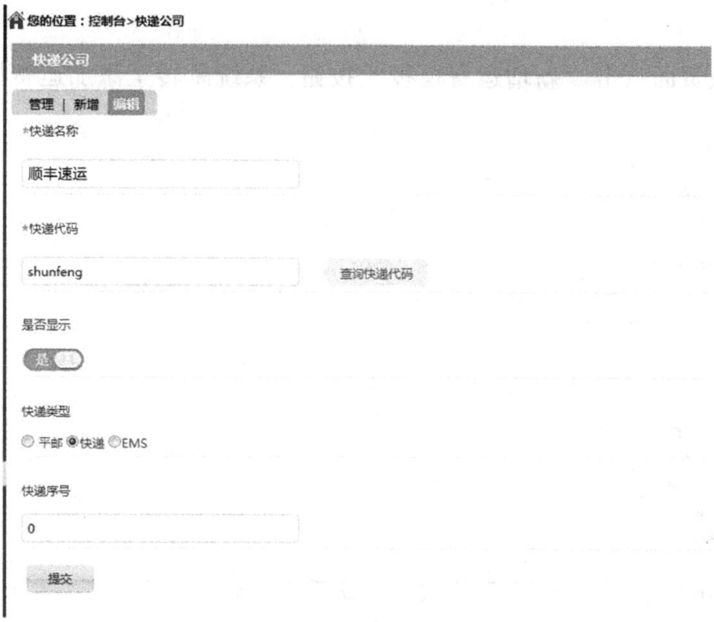

图 9-10　编辑快递公司页面

在编辑快递公司页面中修改快递名称、快递代码、快递序号等信息，并选择是否显示和快递类型后，点击“提交”按钮，快递公司即编辑完成。

3）删除快递公司

在快递公司页面中点击列表某行“操作”一列下的“删除”按钮，弹出删除提示窗口，点击“确定”按钮后，该条快递公司信息被删除，删除后的信息无法恢复。

03 物流工具

在卖家中心页面（图 1-9）点击“交易管理”下的“物流工具”，系统跳转至运费模板页面，如图 9-11 所示。

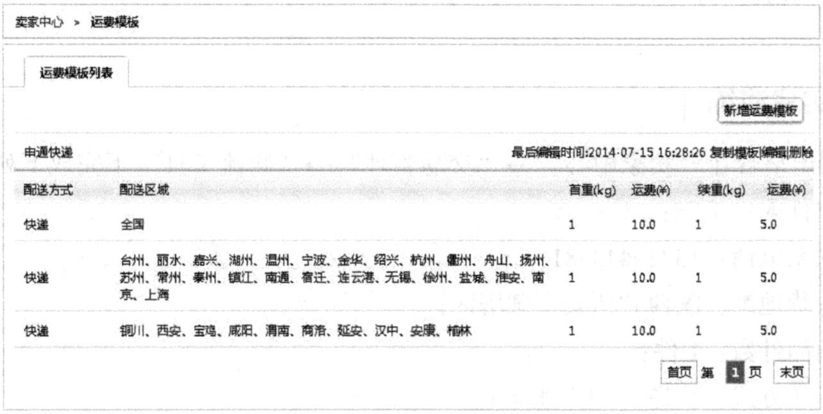

图 9-11　运费模板页面

在运费模板页面点击“新增运费模板”按钮，系统跳转至添加运费模板页面，如图9-12所示。

图9-12　添加运费模板页面

在添加运费模板页面输入模板名称，选择发货时间、计价方式和运送方式。选择运送方式后，需为指定地区、城市设置运费。添加完成后，点击“保存”按钮，运费模板页面将显示所添加的运费模板。

实战演练

学生利用平台在“卖家中心”→“交易管理”→“物流工具”下完成下列内容：

（1）收件人：王三；

（2）联系电话：13720443981；

（3）收货地址：陕西省西安市雁塔区；

（4）商品件数：1件；

（5）运送方式：快递（顺丰速运）。

并将设置运费模板的流程和注意事项写成总结，在学习小组内进行汇报。

任务考核评价

表 9-1　物流配送考核评价表

项目二　物流配送					
学员姓名		学号		班级	日期
项目	考核项目	考核要求	配分	评分标准	得分
知识目标	邮局发货	熟悉邮局发货的方式	10	错误一项扣 2 分	
	快递公司发货	熟悉快递公司发货的特点	10	错误一项扣 2 分	
	物流托运	熟悉物流托运的方式	10	错误一项扣 2 分	
能力目标	地区管理	能根据发货地址设置货物区域	20	对错误的操作酌情扣分	
	快递设置	能根据商品和要求选择合适的快递公司	15	对错误的操作酌情扣分	
	物流工具	能对下单的商品进行运费的核算	15	对错误的操作酌情扣分	
过程方法和社会能力	过程方法	(1) 掌握自主发现、自主探索的学习方法; (2) 学会在学习中反思、总结，调整自己的学习目标，在更高的水平上获得发展	10	能在工作中反思，有创新见解，能自主发现、自主探索，酌情得 5~10 分	
	社会能力	小组成员间团结、协作，共同完成工作任务，培养良好的职业素养（工位卫生、工服穿戴等）	10	(1) 工服穿戴不全扣 3 分; (2) 工位卫生情况差扣 3 分	
实训总结		完成本次工作任务的体会（学到哪些知识，掌握哪些技能，有哪些收获）:			
得分					

经验总结

擅长的方面

需要改进和加强的方面

学习任务五

网店运营数据分析

05

数据分析是网店运营中至关重要的环节，如流量情况、跳失率、成交情况、回头客、客户来源、收藏情况、转化率、访问深度、客单价、销售地域分布情况、实际退款率、利润、金额和成交件数等。数据分析即用数据化思维来分析问题、解决问题并预测可能出现的问题，能为我们提供更加科学的数据化决策。

项目一　行业数据分析

任务描述

在开网店的过程中，通过关注网店的相关数据，你会发现在网购用户大幅增加的同时个人网店的数量却在减少，这表明很多个人网店倒闭了。究其原因，除了经营管理不善以外，在很大程度上是因为竞争越来越激烈。在网店运营过程中，唯有做到知己知彼，方能百战百胜。因此，在网店运营过程中有必要对网店所处的行业进行分析，实时了解网店的竞争环境与所处行业的状况。

背景知识

◆ 行业数据分析内容

一、行业整体情况分析

行业整体情况分析包括市场环境分析、市场机会分析、目标市场定位分析。分析的指标主要有搜索次数与人数、关注次数与人数、收藏次数与人数。

二、子行业排行

子行业排行是行业整体数据的细分，主要用来分析各个子行业的成交占比和成交增幅。如 3C 数码配件行业的子行业主要有手机配件、手机保护套、移动电源、电子元器件、手机零部件等。

三、热销店铺排行

热销店铺排行是按照规定时间内店铺的总成交笔数、总成交金额、总 PV（page view，页面浏览量）进行的。热销店铺排行可以用于分析竞争对手的经营情况，做到知己知彼。热销店铺排行通常包含店铺热卖 TOP 榜、店铺热卖飙升榜、店铺人气飙升榜三个指标。这些指标可以帮助卖家了解所选行业成交靠前、成交飙升和流量飙升的店铺的信息，判断是否采用促销、推广策略来提高流量和成交量。

四、热销宝贝排行和飙升宝贝排行

热销宝贝排行主要展示行业中热销宝贝的排行，可用于分析该宝贝的流量来源，方便卖家学习以打造爆款。飙升宝贝排行主要展示行业中销量增长幅度较大的宝贝的排行。热销宝贝排行和飙升宝贝排行中的宝贝详情会展示该宝贝的流量来源，卖家可以从中了解买家是通过何种途径访问该宝贝的页面的。

五、买家购买数据分析

买家购买数据分析的指标一般包括商品成交单价分布、客单价分布、购买频次分布、买家信息分析等，这些指标可为店主制定促销和推广策略提供参考。

此外，行业数据分析内容还包括品牌分析、产品分析、定价分析等。

◆ 行业数据分析工具

网店行业数据分析工具很多，常见的有看店宝、升业绩，这两种分析工具都可免费试用。对网店行业数据分析比较全面的当属生意参谋了，其首页如图 10-1 所示。

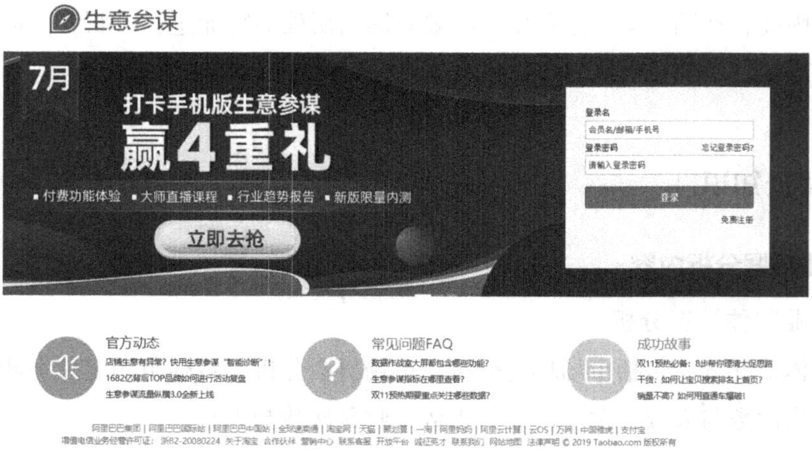

图 10-1　生意参谋首页

生意参谋整合了量子恒道与数据魔方，升级成为阿里巴巴商家端的统一数据产品平台。生意参谋基于淘宝网实时、全面、真实、海量的电子商务交易数据进行过滤、分析和挖掘，并将分析结果以直观、易读的形式展现出来，可以帮助卖家深入地了解行业发展趋势、市场动态热点、品牌占有率和买家购物习惯，同时指导企业和卖家有依据地生产、研发并合理地营销。

生意参谋的功能框架主要包括以下几个方面。

首页：提供专属用户的个性化首页定制、常见功能模块聚合入口、商家运营阵地。

实时直播：以店铺的实时动态数据为切入点，提供实时数据的查询与分析。

经营分析：以商家的电商经营全局链路为主思路，结合大环境，对经营的各个环节进行分析、诊断、建议、优化、预测。

市场行情：以行业分析、竞争情况为切入点，对市场行情进行分析。

自助取数：提供数据定制、查询、导出等高端数据服务，可灵活配置数据、定制查询周期。

专题工具：专题分析和一站式优化工具，含竞争情报、选词助手、行业排行、单品分析、商品温度计、销量预测等专项功能。

帮助中心：提供门户和产品功能引导、数据答疑解惑、门户运营与推荐、用户互动学习等服务。

任务实施

利用生意参谋进行行业数据分析。

01 行业直播

1. 支付子订单数

支付子订单数是店铺在所选行业中的商品的支付订单的子订单数，也被称为支付笔数，如图 10-2 所示。例如某个买家在某个店铺购买了多个宝贝并一起下单支付，后台会显示每个产品，每个 SKU（stock keeping unit，库存保有单位）下都会有一条记录，这就是一个子订单。

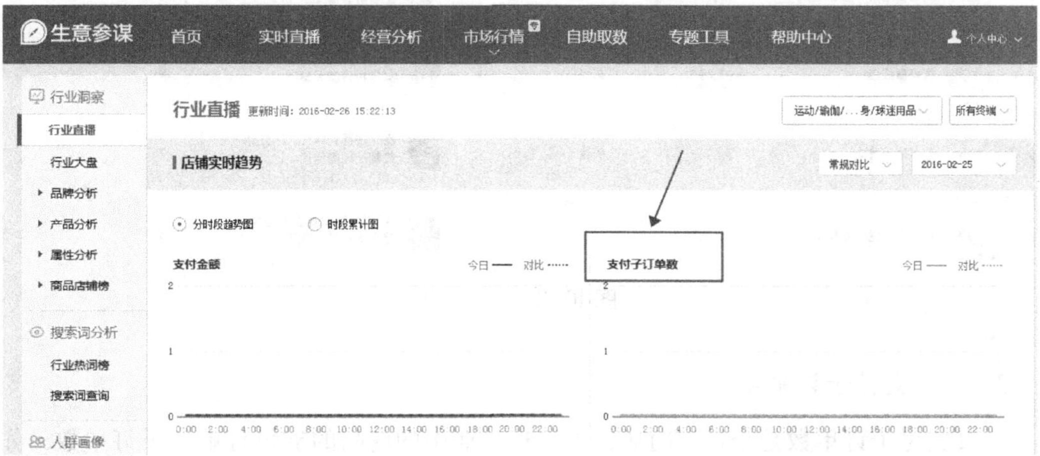

图 10-2　支付子订单数

2. 交易指数

交易指数是根据今日实时支付金额拟合出的指数类指标，如图 10-3 所示。交易指数越高，表示支付金额越多。支付金额是买家拍下商品后通过支付宝支付的金额，未剔除退款金额，预售阶段支付的订金在付清尾款当天才计入。支付金额为 PC 端支付金额和无线端支付金额之和。特别说明，不论支付终端是 PC 端还是无线端，只要拍下商品是在 PC 端操作的，支付金额便计入 PC 端；如果拍下商品的操作是通过无线端完成的，那么支付金额便计入无线端。

行业TOP500店铺

你的店铺未上榜，再接再厉！

排名	卖家名称	交易指数	操作
1	易跑厂家直销店	83,514	♡关注
2	亿健金虎专卖店	54,675	♡关注
3	ad旗舰店	51,861	♡关注
4	伊吉康运动专营店	50,915	♡关注
5	可冬减肥健身有限责任公司	49,085	♡关注
6	亿健乐健专卖店	47,829	♡关注
7	鸿百豪运动专营店	47,710	♡关注
8	优步旗舰店	43,895	♡关注
9	启迈斯品牌店	43,487	♡关注
10	启迈斯妙绝伦专卖店	39,612	♡关注

行业TOP100商品

我的TOP50商品 >

你的商品未上榜，再接再厉！

排名	商品名称	今日支付子订单数	昨日支付子订单数	操作
1	悦步tpe指压板韩国小冬笋压指板升级加...	1,267	6,875	♡关注
2	我形我塑无味瑜伽垫初学10mm健身垫瑜...	958	7,738	♡关注
3	正品yoga瑜伽垫10 mm健身垫加厚运...	821	4,811	♡关注
4	悦步加宽80 cm瑜伽垫加长健身垫初学无...	657	3,989	♡关注
5	奥义瑜伽垫初学10mm加长瑜伽防滑健身...	620	4,311	♡关注
6	小霸龙仰卧起坐健身器材家用运动拉力器减...	605	2,878	♡关注
7	赫朗 H形俯卧撑架家用工字俯卧撑支架 ...	400	876	♡关注
8	tpe指压板脚韩国小冬笋压指板超大超痛...	391	3,046	♡关注
9	奥义加厚无味10 mm健身垫加宽瑜伽垫加...	278	2,255	♡关注
10	中欧加宽80 cm瑜伽垫加厚健身垫初学无味防...	268	2,036	♡关注

图 10-3　交易指数

3. 今日支付子订单数

今日支付子订单数是今日实时店铺在所选行业中的商品的支付订单的子订单数，如图 10-4 所示。

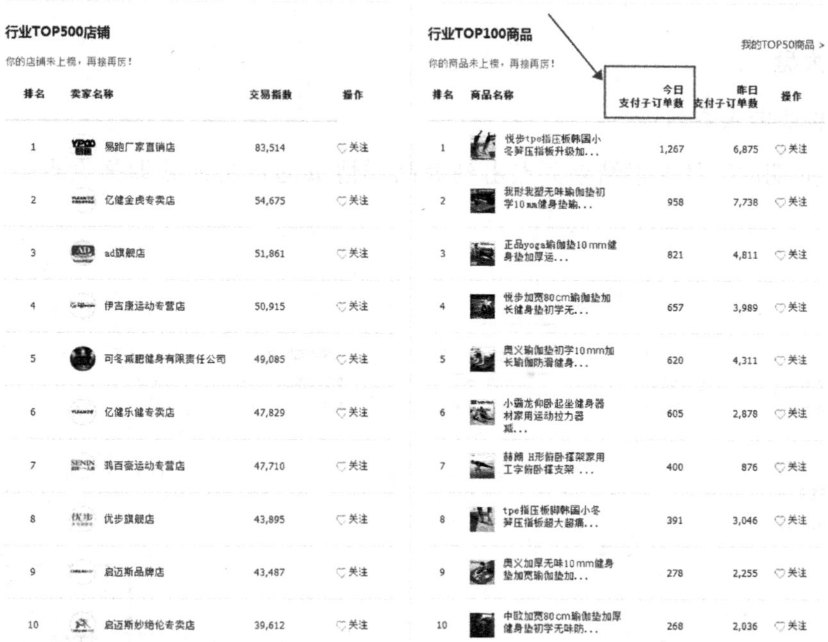

行业TOP500店铺

你的店铺未上榜，再接再厉！

排名	卖家名称	交易指数	操作
1	易跑厂家直销店	83,514	关注
2	亿健金虎专卖店	54,675	关注
3	ad旗舰店	51,861	关注
4	伊吉康运动专营店	50,915	关注
5	司冬减肥健身有限责任公司	49,085	关注
6	亿健乐健专卖店	47,829	关注
7	鸿百查运动专营店	47,710	关注
8	优步旗舰店	43,895	关注
9	启迈斯品牌店	43,487	关注
10	启迈斯妙络伦专卖店	39,612	关注

行业TOP100商品

我的TOP50商品 >

你的商品未上榜，再接再厉！

排名	商品名称	今日支付子订单数	昨日支付子订单数	操作
1	悦步tpe指压板韩国小冬笋压指板升级加...	1,267	6,875	关注
2	我形我塑无味瑜伽垫初学10mm健身垫瑜...	958	7,738	关注
3	正品yoga瑜伽垫10mm健身垫加厚运...	821	4,811	关注
4	悦步加宽80cm瑜伽垫加长健身垫初学无...	657	3,989	关注
5	奥义瑜伽垫初学10mm加长瑜伽防滑健身...	620	4,311	关注
6	小霸龙仰卧起坐健身器材家用运动拉力器减...	605	2,878	关注
7	赫朗 H形俯卧撑架家用工字俯卧撑支架 ...	400	876	关注
8	tpe指压板脚韩国小冬笋压指板超大超痛...	391	3,046	关注
9	奥义加厚无味10mm健身垫加宽瑜伽垫加...	278	2,255	关注
10	中欧加宽80cm瑜伽垫加厚健身垫初学无味防...	268	2,036	关注

图 10-4　今日支付子订单数

4. 昨日支付子订单数

昨日支付子订单数是昨日店铺在所选行业中的商品的支付订单的子订单数，如图 10-5 所示。

行业TOP500店铺

你的店铺未上榜，再接再厉！

排名	卖家名称	交易指数	操作
1	易跑厂家直销店	83,514	关注
2	亿健金虎专卖店	54,675	关注
3	ad旗舰店	51,861	关注
4	伊吉康运动专营店	50,915	关注
5	司冬减肥健身有限责任公司	49,085	关注
6	亿健乐健专卖店	47,829	关注
7	鸿百查运动专营店	47,710	关注
8	优步旗舰店	43,895	关注
9	启迈斯品牌店	43,487	关注
10	启迈斯妙络伦专卖店	39,612	关注

行业TOP100商品

我的TOP50商品 >

你的商品未上榜，再接再厉！

排名	商品名称	今日支付子订单数	昨日支付子订单数	操作
1	悦步tpe指压板韩国小冬笋压指板升级加...	1,267	6,875	关注
2	我形我塑无味瑜伽垫初学10mm健身垫瑜...	958	7,738	关注
3	正品yoga瑜伽垫10mm健身垫加厚运...	821	4,811	关注
4	悦步加宽80cm瑜伽垫加长健身垫初学无...	657	3,989	关注
5	奥义瑜伽垫初学10mm加长瑜伽防滑健身...	620	4,311	关注
6	小霸龙仰卧起坐健身器材家用运动拉力器减...	605	2,878	关注
7	赫朗 H形俯卧撑架家用工字俯卧撑支架 ...	400	876	关注
8	tpe指压板脚韩国小冬笋压指板超大超痛...	391	3,046	关注
9	奥义加厚无味10mm健身垫加宽瑜伽垫加...	278	2,255	关注
10	中欧加宽80cm瑜伽垫加厚健身垫初学无味防...	268	2,036	关注

图 10-5　昨日支付子订单数

02 行业大盘

1. 搜索点击人数

在统计周期内，从搜索结果页点击到商品详情页的点击人数即搜索点击人数，如图10-6所示。

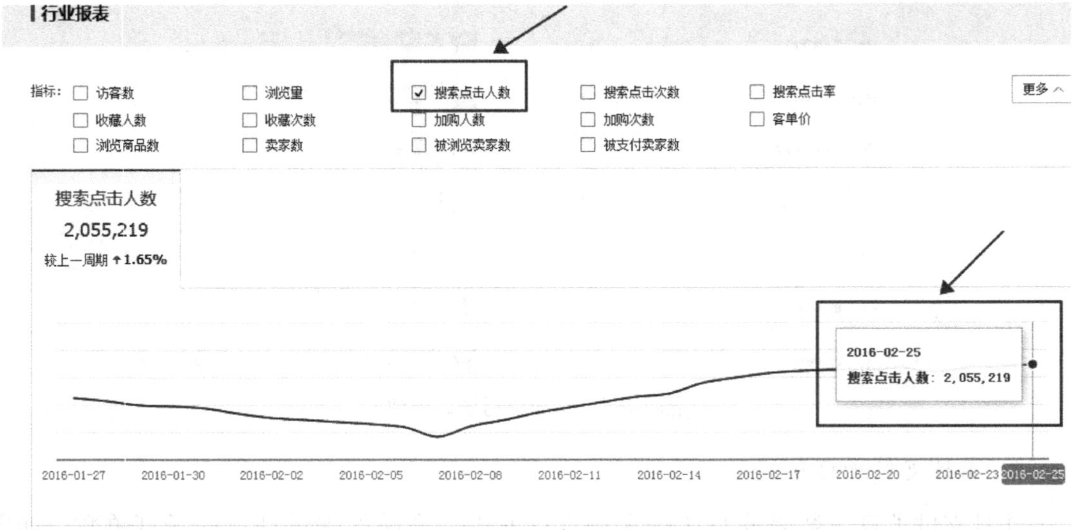

图10-6 搜索点击人数

2. 搜索点击次数

在统计周期内，从搜索结果页点击到商品详情页的点击次数即搜索点击次数，如图10-7所示。

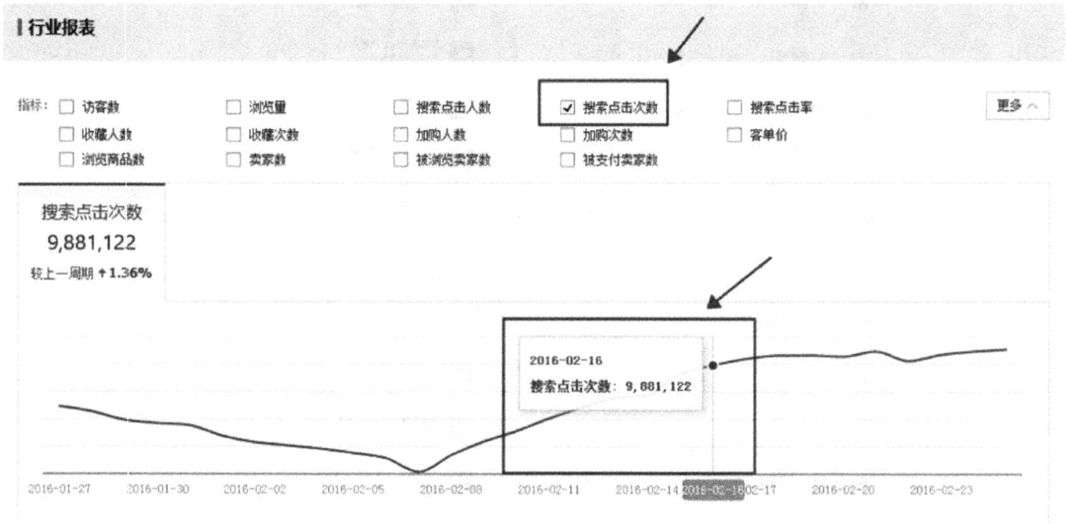

图10-7 搜索点击次数

3. 搜索点击率

在统计周期内，搜索点击次数与搜索结果页的浏览量之比即搜索点击率，是用户在搜索结果中点击商品的比率，如图 10-8 所示。

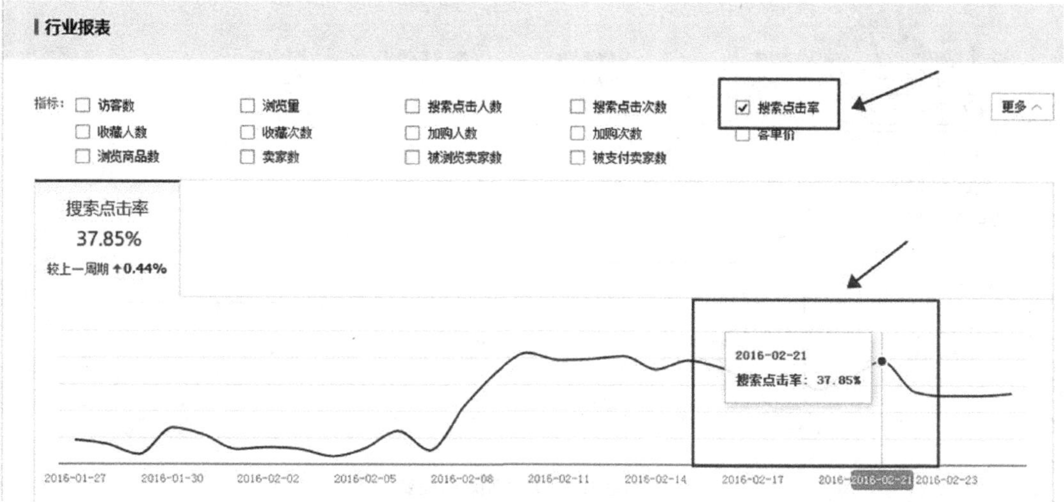

图 10-8　搜索点击率

4. 卖家数

截至所选日期当天，店铺状态和商品状态均为有效的卖家的数量即卖家数，如图 10-9 所示。

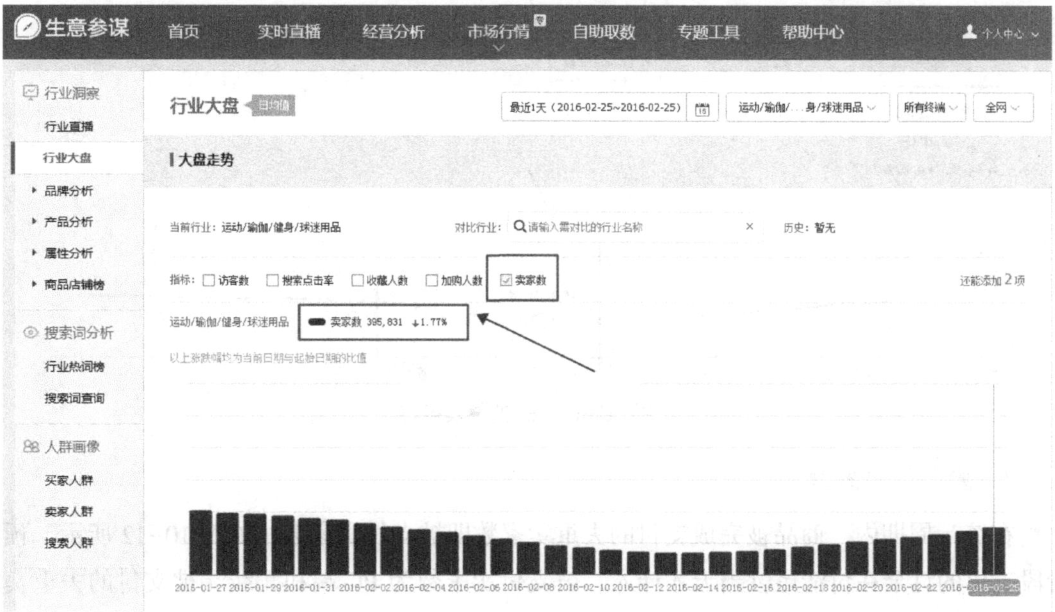

图 10-9　卖家数

5. 浏览商品数

在统计周期内，商品详情页被浏览的去重商品数即浏览商品数，如图 10-10 所示。

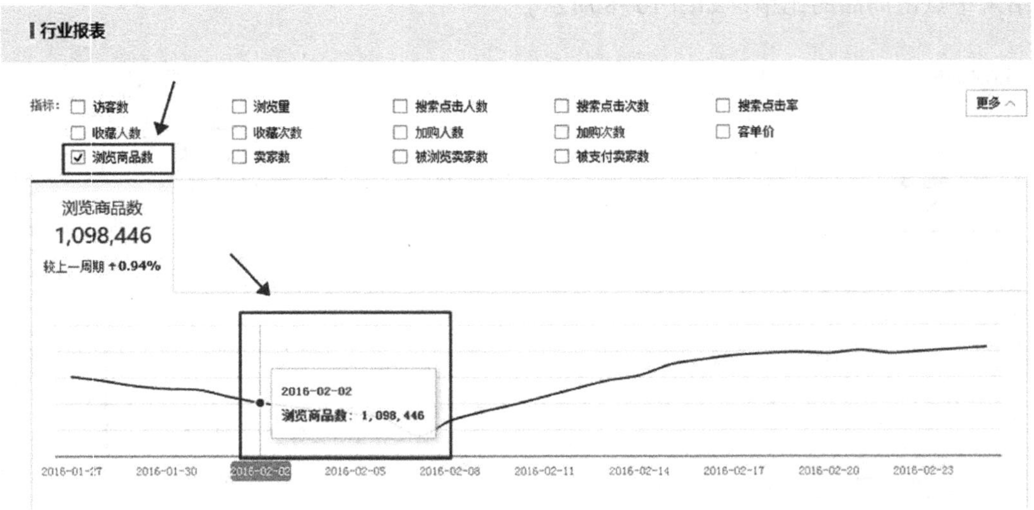

图 10-10　浏览商品数

6. 被浏览卖家数

在统计周期内，商品详情页被浏览的去重卖家数即被浏览卖家数，如图 10-11 所示。

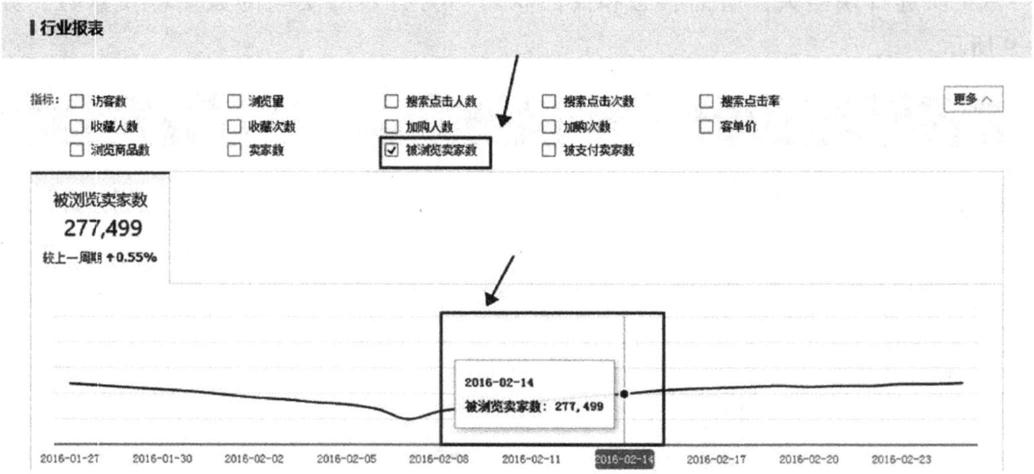

图 10-11　被浏览卖家数

7. 被支付卖家数

在统计周期内，商品被完成支付的去重卖家数即被支付卖家数，如图 10-12 所示。预售阶段支付的订金在付清尾款当天才计入。被支付卖家数为 PC 端和无线端被支付的去重卖家数，即在统计周期内在 PC 端和无线端都对商品完成支付，卖家数计 1 个。特别说明，不论支付终端是 PC 端还是无线端，只要拍下商品是在 PC 端操作的，被支付卖家数便计入 PC 端；如果拍下商品的操作是通过无线端完成的，被支付卖家数便计入无线端。

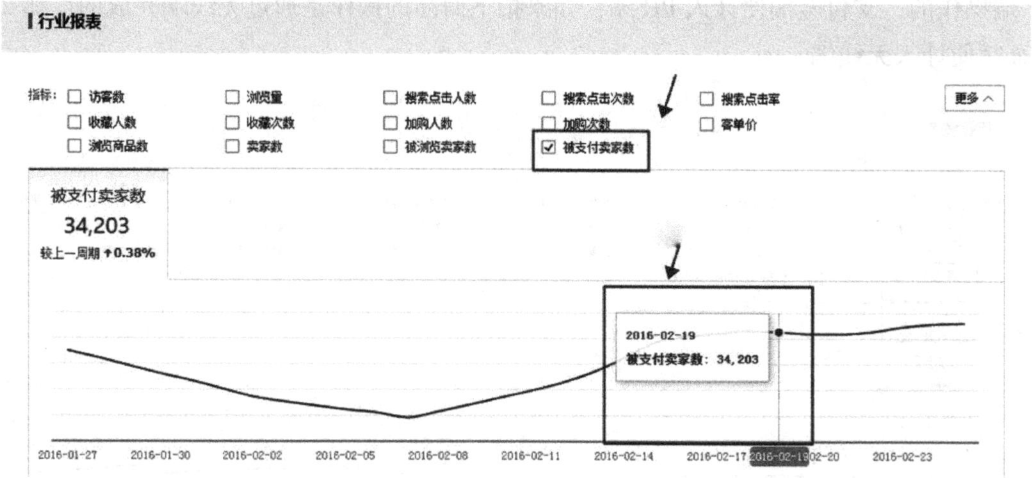

图 10-12　被支付卖家数

8. 搜索人气

搜索人气是根据统计周期内的用户搜索行为数拟合出的指数类指标。搜索人气越高，表示用户搜索行为越多，如图 10-13 所示。

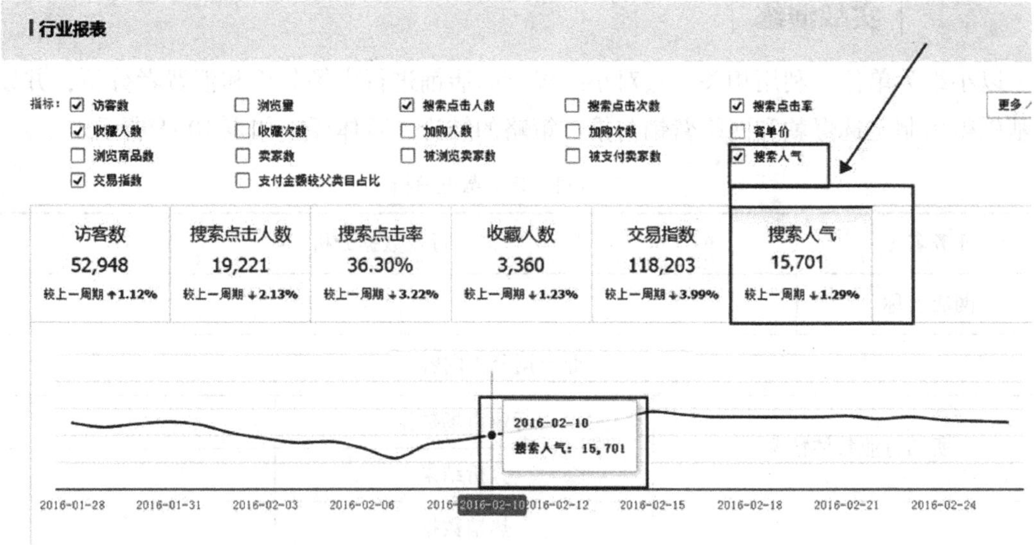

图 10-13　搜索人气

9. 交易指数

交易指数是根据统计周期内的支付金额拟合出的指数类指标，如图 10-14 所示。交易指数越高，表示支付金额越多。支付金额是买家拍下商品后通过支付宝支付的金额，未剔除退款金额，预售阶段支付的订金在付清尾款当天才计入。支付金额为 PC 端支付金额和无线端支付金额之和。特别说明，不论支付终端是 PC 端还是无线端，只要拍下商品是在 PC 端操作的，支付金额便计入 PC 端；如果拍下商品的操作是通过无线端完成的，那么支付金额便计入无线端。

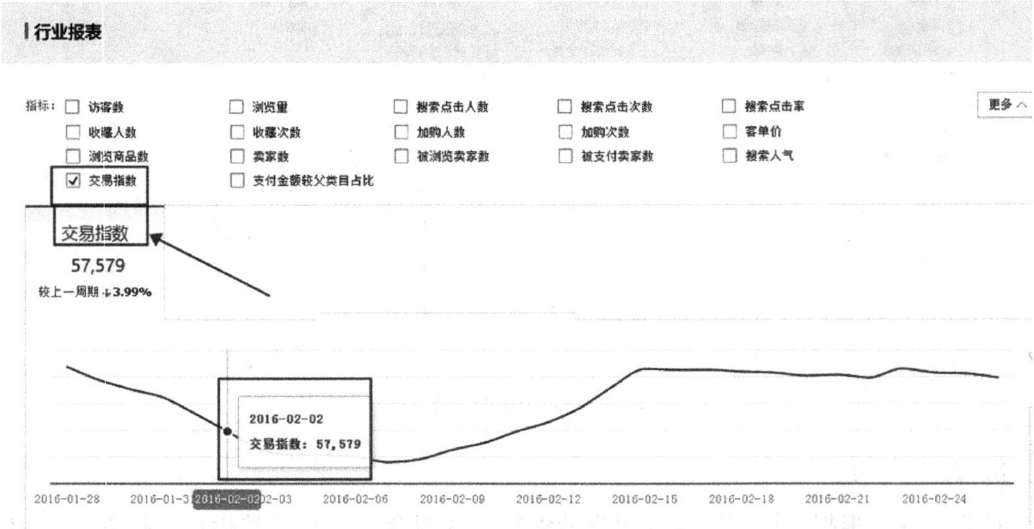

图 10-14　交易指数

实战演练

以小组为单位，利用相关工具对小组经营的店铺进行市场分析和消费者分析，并以此为基础得出制定选爆款和网络营销与推广策略的结论。具体要求如表 10-1 所示。

表 10-1　行业数据分析

<table>
<tr><td>任务名称</td><td colspan="2">行业数据分析</td></tr>
<tr><td>网店名称</td><td colspan="2"></td></tr>
<tr><td colspan="3">行业数据分析内容</td></tr>
<tr><td rowspan="2">所属行业整体情况</td><td>行业市场数据</td><td></td></tr>
<tr><td>分析结果</td><td></td></tr>
<tr><td rowspan="2">热销店铺和商品</td><td>热销数据</td><td></td></tr>
<tr><td>分析结果</td><td></td></tr>
<tr><td rowspan="2">买方市场分析</td><td>买方购买数据</td><td></td></tr>
<tr><td>分析结果</td><td></td></tr>
<tr><td colspan="2">根据数据制定相应的策略</td><td></td></tr>
</table>

任务考核评价

表 10-2　行业数据分析考核评价表

项目一　行业数据分析					
学员姓名		学号		班级	日期
项目	考核项目	考核要求	配分	评分标准	得分
知识目标	行业数据分析内容	了解行业数据分析内容	10	错误一项扣 2 分	
	行业数据分析工具	熟悉行业数据分析工具	10	错误一项扣 2 分	
能力目标	使用行业数据分析工具进行行业数据分析	能使用行业数据分析工具进行行业整体市场数据分析	15	对错误的操作酌情扣分	
		能使用行业数据分析工具进行热销店铺数据分析	15	对错误的操作酌情扣分	
		能使用行业数据分析工具进行商品数据分析	15	对错误的操作酌情扣分	
		能使用行业数据分析工具进行买方市场分析	15	对错误的操作酌情扣分	
过程方法和社会能力	过程方法	（1）掌握自主发现、自主探索的学习方法； （2）学会在学习中反思、总结，调整自己的学习目标，在更高的水平上获得发展	10	能在工作中反思，有创新见解，能自主发现、自主探索，酌情得 5~10 分	
	社会能力	小组成员间团结、协作，共同完成工作任务，培养良好的职业素养（工位卫生、工服穿戴等）	10	（1）工服穿戴不全扣 3 分； （2）工位卫生情况差扣 3 分	

（续）

实训总结	完成本次工作任务的体会（学到哪些知识，掌握哪些技能，有哪些收获）：
得分	

经验总结

擅长的方面

需要改进和加强的方面

项目二　网店数据分析

任务描述

在对行业数据进行分析后，你学会了基于行业数据进行选品、选爆款、定价和做促销，从而具备了科学的数据化运营思维。如果想把店铺经营好，就要做到“知己”，因此，对网店数据进行分析也很重要，比如对流量结构、成交转化率、店内搜索关键词、销售利润等的分析等。于是，你决定选定合适的工具进行网店数据分析。经过一年的店铺运营数据分析后，你收获颇多，也深刻体会到数据为王的时代已经到来，谁掌握了足够多的数据，谁就抢占了先机，提高了竞争力，也就有美好的未来。

背景知识

◆ 网店数据分析内容

一、流量结构分析

流量大小是衡量店铺运营成功与否的参考指标之一。成功的店铺流量来源广、种类丰富。再好的商品，再低廉的价格，如果没有流量，也就没有销量。因此，对流量结构进行分析显得尤为重要。店家可以根据流量结构来制定营销推广策略，选择合适的营销渠道。店铺流量来源主要有以下几种。

1. 自主访问流量

自主访问流量是买家主动访问店铺产生的流量。自主访问流量是所有流量中质量最高的，这类流量具有很强的稳定性，且成交转化率高。自主访问流量主要分为搜索、宝贝收藏、购物车和已买到的宝贝。

搜索是买家在搜索栏中输入宝贝名称或者店铺名称进入店铺访问的行为。如图 11-1 所示，买家在搜索栏中输入宝贝名称或者店铺名称，即可以看到相关宝贝。

宝贝收藏是买家对某个宝贝进行收藏的行为。宝贝收藏量越高，表明有越多买家对宝贝感兴趣，收藏人气对宝贝和店铺的综合评分是有影响的。如图 11-2 所示，买家可以通过收藏夹中的收藏的宝贝进入店铺。

图 11-1　搜索

图 11-2　宝贝收藏

购物车如图 11-3 所示。买家通过购物车访问店铺，表示买家对该店铺的某件商品很感兴趣，这类买家具有很强的购物欲望，但是出于对价格、质量、款式等方面的考虑迟迟没有下单。针对这类消费群体，卖家在与之交流沟通时应循循善诱，消除其心中的顾虑，促成其下单。

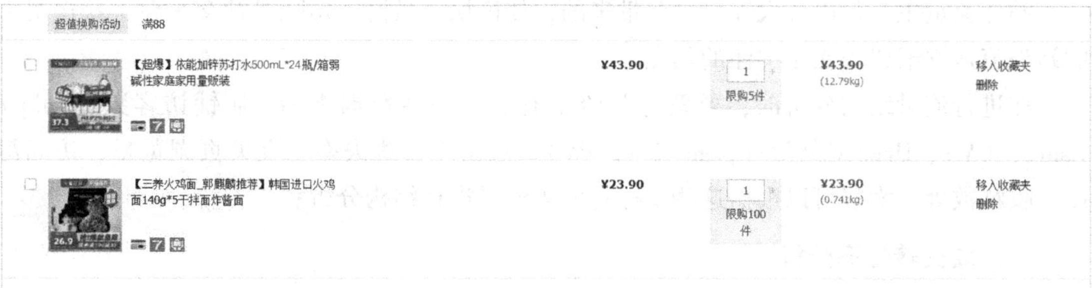

图 11-3　购物车

已买到的宝贝如图 11-4 所示。买家通过已买到的宝贝访问店铺，说明买家的购物目标明确，会有针对性地选择商品；且这类买家是店铺的回头客，表示其对该店铺的宝贝质量、服务态度等都很满意，希望再在该店铺消费。

图 11-4　已买到的宝贝

2. 付费流量

付费流量就是通过付费推广得到的流量。付费流量的最大特点是精确度高、流量大。付费流量意味着成本的投入，付费流量投入过高，店铺的利润较低，但是一个店铺完全没有付费流量也是不合理的。目前付费流量主要有淘宝客、直通车、钻石展位三种。淘宝客按成交金额的百分比来收费，直通车是点击付费，钻石展位是展现付费。

3. 站内流量

站内流量是通过平台获取的流量。站内流量对一个网店的流量构成也是相当重要的。

4. 站外流量

站外流量主要是由各大知名平台带来的，如论坛、微博、贴吧等社交平台，获得更大的站外流量逐渐成为卖家关注的焦点。

在进行流量结构分析时，要熟悉与流量有关的一些数据指标：店铺访客数（unique visitor，UV）、店铺浏览量（page view，PV）、点击率、跳失率、宝贝页浏览量、访问深度、收藏数等。卖家可以根据这些指标对网店流量进行结构分析。

二、成交转化率分析

成交转化率是访问店铺并产生购买行为的人数与所有访问店铺的人数的比值。其计算公式为：**成交转化率＝（有购买行为的客户人数/所有到达店铺的访客人数）**×100%。

成交转化率高低是衡量一个店铺是否健康的重要依据，是店铺商品质量、服务能力、营销手段等的最终体现。在做推广引入流量前，卖家一定要确保店铺的成交转化率达到一个可以接受的值，才能不浪费宝贵的流量资源。在做推广引入流量时，成交转化率会有些变化，通常会降低，这是评判某一次推广是否成功的重要指标。如果在做活动或推广时成交转化率下降得太厉害，就说明活动的推广策划出现了问题，没有将流量有效地转化为成交额，或者流量的质量有问题，所带来的流量价值不高。能对成交转化率产生影响的因素较多，主要有以下几种。

1. 服务质量

店铺对买家的服务贯穿整个购物流程，包括售前咨询、售中导购、售后服务、物流质量、退换货承诺等。专业的导购和良好的退换货承诺能让买家产生信赖感，提高购买欲望；售后服务和物流质量也是影响购物体验的重要因素，良好的购物体验能带来回头客，而回头客的成交转化率通常较高。

2. 购物环境

网店的购物环境基本上是基于视觉的，店铺装修、分类设置、活动引导、商品展示等均是购物环境的组成部分。清晰、便捷的店铺设计能保证买家在最短时间内找到自己想要的商品，从而产生更高的成交转化率。

3. 商品质量

商品是一个店铺的基础和核心，商品的质量、设计和价格是打动消费者的重要因素。优化店铺的货源、款式和定价也是提高成交转化率的重要手段。

4. 营销活动

店铺开展的营销活动是提高成交转化率不可或缺的手段，其方式很多，例如满送、满减、清仓、换季、发抵价券、抽奖、节日促销等。

三、客单价分析

越来越多卖家花大量的人力、物力和财力做大量的引流，参加各种活动，让店铺成功获得了较高的人气和成交转化率，但是最后核算时却发现店铺的利润并不是特别理想。在流量相同的情况下，客单价的高低直接决定了店铺的销售额。尽管卖家通过各种渠道和活动提升了店铺的销售量，但是绝大多数买家只在店铺消费一次，且消费金额并不高，店铺的利润自然也不会太高。

客单价是每一个用户在一定周期内购买商品的平均金额，即平均交易金额。**客单价=成交金额/成交用户数**。客单价下降的情况有以下几种，卖家应通过数据分析弄清楚具体是哪种情况导致客单价下降，从而采取相应的策略。

情况一：客单量减少，但客单品价没有发生变化。在这种情况下，客单价下降可能是因为影响顾客的购买行为的客观因素发生变化或促销方案出现问题。可能是季节性原因、收入下降，也可能是促销品品牌资产（知名度、美誉度、忠诚度）普遍下降或和顾客的偏好产生较大的差异，还可能是促销政策缺乏力度，推广定位不够准确。卖家可以参考上月的情况和当月主要竞争对手的相关情况来判断促销政策和推广措施是否存在问题。

情况二：客单量没有明显的变化，但客单品价降低。这首先应该是因为企业在挑选促销品时价格标准出现问题；其次，需要关注促销政策与推广措施是否存在问题。

情况三：客单量和客单品价均出现下降的趋势。在这种情况下，首先要分析是否存在“情况一”中的客观因素，如果可以排除客观因素，则要从促销品的品牌选择标准、促销政策、推广措施三个方面分析问题，和“情况一”使用的方法相同。

四、客服数据分析

客服是为买家提供的咨询、快件查询、售后服务等在线服务。客服旨在协助店铺掌柜更高效地管理店铺。客服数据分析的主要指标包括店铺纠纷率、咨询转化率、支付率、落实客单价、响应时间等。

五、店铺利润分析

店铺运营的最终目的就是实现店铺利润的最大化。要想实现店铺利润的最大化，卖家就必须分析影响店铺利润的因素，并且通过不断优化影响店铺利润的因素提升店铺的利润。店铺利润分析的指标包括销售详情、成本等。

任务实施

利用生意参谋进行网店数据分析。

01 实时概况

实时概况提供了访客数、支付金额、支付买家数的昨日全天数据、实时数据和实时的无线占比，如想查看更多实时数据可以点击实时概况。

02 实时商品访客排行

实时商品访客排行提供了商品实时访客数的TOP3列表，如想查看更多商品的列表可以点击实时榜单。

03 行业排名

行业排名提供了店铺近30天支付宝成交金额排名、层级和与前日的对比，若是天猫商家，显示“以下层级与排名根据天猫商城商家最近30天的支付宝成交金额计算”；若是淘宝商家，则显示“以下层级与排名根据淘宝集市商家最近30天的支付宝成交金额计算”。

04 经营状况分析

经营状况分析支持自定义选择日期，店铺核心指标包括支付金额、访客数、支付转化率、客单价、成功退款金额、直通车消耗、超级推荐消耗等，还能提供同行同层的平均值和优秀值供参考对比，如图11-5所示。

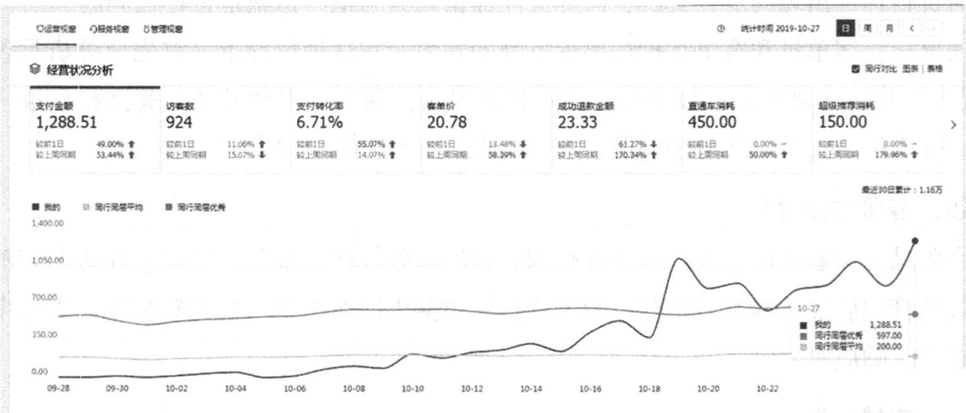

图11-5　经营状况分析

05 流量分析

流量分析如图11-6所示。

（1）流量质量指标：包括跳失率、人均浏览量、平均停留时长、较前一日变化率、较上周同期变化率。

（2）店铺流量构成：分为 PC 端与无线端流量，免费与付费流量，新访客与老访客。想查看更多访客数据可以查看访客分析。

（3）PC 端与无线端流量来源：包括来源名称、访客数、浏览量。按照访客数降序排列，想查看更多流量来源可以查看流量地图。

（4）入店关键词：包括关键词、访客数、下单转化率。按照访客数降序排列，想查看更多关键词可以查看选词助手。

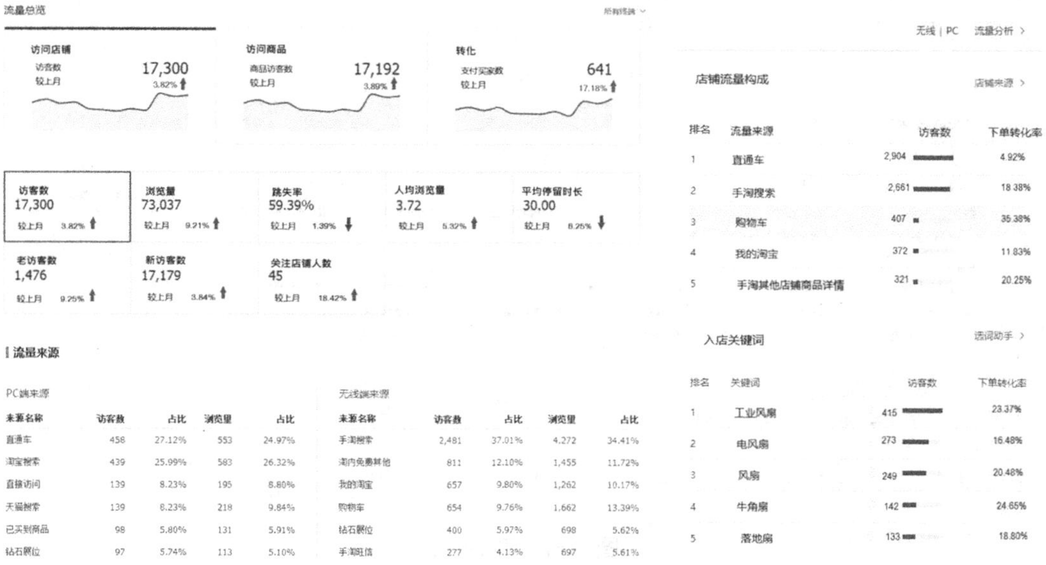

图 11-6　流量分析

06　商品分析

商品分析如图 11-7 所示。

（1）商品转化指标：包括加购件数、商品收藏次数、详情页跳出率、较前一日变化率、较上周同期变化率。

（2）商品总体情况指标：包括商品访客数、商品加购件数、支付件数、支付金额等，最多可以选择 4 个指标进行查看。

07　交易分析

交易转化指标包括下单买家数、支付买家数、支付子订单数、较前一日变化率、较上周同期变化率，如图 11-8 所示。

图 11-7　商品分析

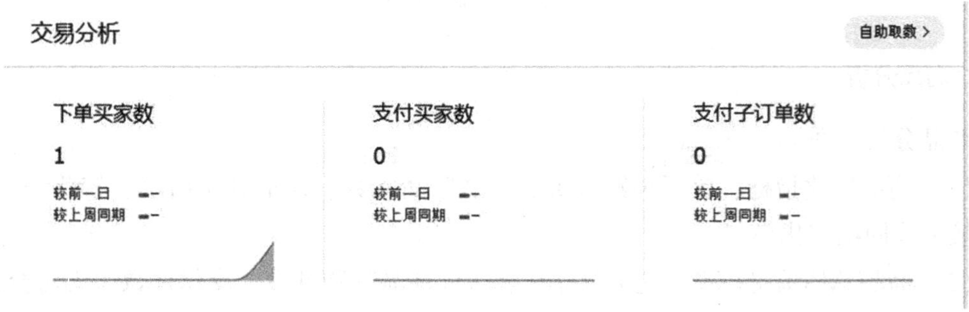

图 11-8　交易分析

08　服务分析

（1）退款金额：包括最近 1 天退款金额、最近 1 天退款金额较前一日变化率等。

（2）描述相符评分：最近 180 天描述相符评分 = 最近 180 天描述相符评分总和/最近

180 天描述相符评分次数。

（3）服务态度评分：最近 180 天服务态度评分 = 最近 180 天服务态度评分总和/最近 180 天服务态度评分次数。

（4）物流服务评分：最近 180 天物流服务评分 = 最近 180 天物流服务评分总和/最近 180 天物流服务评分次数。

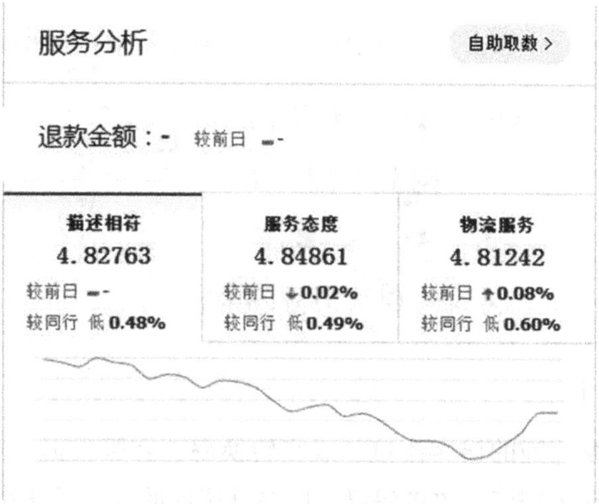

图 11-9　服务分析

09 营销分析

（1）我的营销 TOP3：包括营销工具名称、支付金额。按支付金额降序排列，取前 3 名。

营销工具特殊显示逻辑如下：

①若我的营销工具 TOP3 列表的个数小于或等于 2，则显示创建营销活动提示文案；

②若我的营销工具 TOP3 列表的个数大于 2，则不显示文案链接。

（2）同行营销 TOP3：包括营销工具名称、使用人数。按使用人数降序排列，取前 3 名。

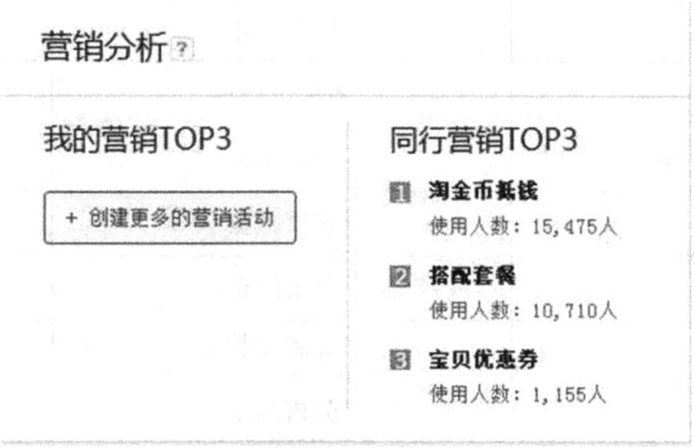

图 11-10　营销分析

10 市场行情

市场行情提供了行业流量店铺 TOP5、行业热销商品 TOP5、行业热门搜索词 TOP10，如图 11-11 所示。

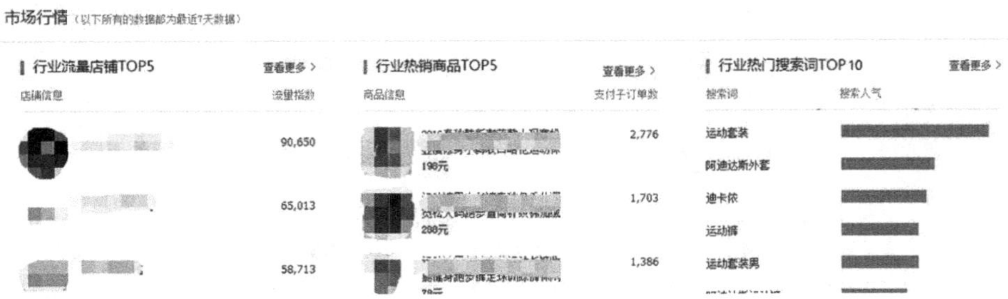

图 11-11　市场行情

实战演练

学习小组对所经营店铺的访客流量、成交转换率、客服数据、利润数据等进行分析，并根据数据分析结果提出相应的改进建议，以提升店铺的成交转化率和利润。具体要求如表 11-1 所示。

表 11-1　网店数据分析

任务名称	网店数据分析	
网店名称		
网店数据分析内容		
流量结构分析	流量结构数据	
	分析结果	
成交转化率分析	成交转化率数据	
	分析结果	
客单价分析	客单价数据	
	分析结果	
客服数据分析	客服数据	
	分析结果	
店铺利润分析	店铺利润数据	
	分析结果	
改进建议		

任务考核评价

表 11-2　网店数据分析考核评价表

项目二　网店数据分析					
学员姓名		学号		班级	日期
项目	考核项目	考核要求	配分	评分标准	得分
知识目标	网店数据分析内容	了解店铺流量的来源	8	错误一项扣 2 分	
		理解影响成交转化率的因素	8	错误一项扣 2 分	
		理解导致客单价下降的原因	6	错误一项扣 2 分	
		了解客服数据分析的主要指标	5	错误一项扣 1 分	
		了解店铺利润分析的主要指标	2	错误一项扣 1 分	
能力目标	使用网店数据分析工具进行网店数据分析	能使用网店数据分析工具进行经营状况分析	8	对错误的操作酌情扣分	
		能使用网店数据分析工具进行流量分析	8	对错误的操作酌情扣分	
		能使用网店数据分析工具进行商品分析	7	对错误的操作酌情扣分	
		能使用网店数据分析工具进行交易分析	7	对错误的操作酌情扣分	
		能使用网店数据分析工具进行服务分析	7	对错误的操作酌情扣分	
		能使用网店数据分析工具进行营销分析	7	对错误的操作酌情扣分	
		能使用网店数据分析工具进行市场行情分析	7	对错误的操作酌情扣分	

（续）

项目	考核项目	考核要求	配分	评分标准	得分
过程方法和社会能力	过程方法	（1）掌握自主发现、自主探索的学习方法； （2）学会在学习中反思、总结，调整自己的学习目标，在更高的水平上获得发展	10	能在工作中反思，有创新见解，能自主发现、自主探索，酌情得5~10分	
	社会能力	小组成员间团结、协作，共同完成工作任务，培养良好的职业素养（工位卫生、工服穿戴等）	10	（1）工服穿戴不全扣3分； （2）工位卫生情况差扣3分	
实训总结		完成本次工作任务的体会（学到哪些知识，掌握哪些技能，有哪些收获）：			
得分					

经验总结

擅长的方面

需要改进和加强的方面